# 求菩提山
# 私の修験ロード

桟 比呂子
Kakehashi Hiroko

海鳥社

本扉写真・吉祥窟
撮影＝林川英昭氏

# はじめに

求菩提山《くぼてさん》に惹《ひ》かれるようになったのは、いつのころからか定かではないが、未消化のものが胃のなかに残っているような具合で、妙に気になっていた。福岡県求菩提資料館が現在のように新しくなる前に、バスハイクで訪ねたのがきっかけだったと思う。名前からして抹香臭く、意味ありげな山の印象だったことを覚えている。

夢に現れる求菩提山は、いつも霧に覆われて冷気が立ち込め、人影もなくひっそりとしていた。そして白装束の山伏の姿が、かすかに視界を横切って行く。獣のように敏捷な山伏は、いつも幻燈のように気配だけで山に消えてしまうのだ。

私はいつしか山伏の姿を追い求めていた。手を伸ばせばいつも消えるその姿を、この眼で確かめたいと思うようになった。その思いは日に日に募るばかり。熟年の恋は一途で行動的だ。若いときのように、食も喉を通らず恋で身も心も痩せ細るといった可愛さはない。当たって砕けろ、である。

私は意を決して、豊前《ぶぜん》をめざして出発した。椎田《しいだ》道路から国道一〇号線を行き、豊前市千束《ちづか》の信号から求菩提山の標識に従ってひたすら車を走らせる。千束から求菩提に向かう県道三二号線は私の「修験ロード」である。山内の信号までくると前方に、求菩提山・犬ケ岳《いぬがだけ》・経読岳《きようよみだけ》の三つの山が並んで見えてくる。なぜか胸がときめいている。懐かしいのだ。

戦後しばらくまでは、馬車一台がやっと通れる道幅だったという。いまはバスも通り、千束信号から二十五分で求菩提山の麓まで行ける。

山へ着く前に白状してしまうが、このとき私にはまだ求菩提山に対して「神の山」という意識はなかった。もちろん修行などという考えは頭の片隅にもない。ただ、自分勝手に修験道《しゆげんどう》に殉ずる山伏の厳しい暮らしを想像して、憧れているだけなのだ。

といっても実際の山伏さんに直接会ったことはない。以前、天台宗のお寺の加持祈禱《かじきとう》で、大きな数珠で背中や肩を打たれたことと、火祭りの荒々しい神事を煙に咽《む》せながら遠くから見ただけの経験しかない。それにしても修験者と火はよく似合っていた。

求菩提資料館へ行く岩岳川《いわたけがわ》の、一の渡しの手前にある公共駐車場に沿って登り道になり、一気に座主《ざす》屋敷跡に近い上の駐車場まで行って車を降りた。いよいよ山伏の拠点へ行く入り口に立っているのだ。そこには俗世を拒絶した別世界が待っていた。

石組みの水路を涼やかな水音が流れ、石のすき間に植物が生命を育んでいる。水路をまたぐ石を上ると、目の前に国玉神社中宮へ向かう広い石段が、神秘な世界の入り口のように上へ上へと続いている。幾多の人々が踏み、上ったであろう石段。樹齢何十年の杉が林立して陽光をさえぎり、影が岩肌にゆらめいて妖しい光が踊る。

「杉の木は神を信じる。まっすぐ天に向かって行こうとしている」という言葉を聞いたことがあるが、毅然《きぜん》と背筋を伸ばした梢は天と交わり、神霊の依代《よりしろ》であっても不思議はないみごとさだ。石段の左右にはかつての坊跡の石垣が存在を示している。石、石、石。求菩提山は石の文化だ

——。私はまず石たちが語りかける歴史の深さに圧倒された。ここでは石が大地を造り、生命を生み、神を宿らせている。全山石をもって、宇宙を創っているようだった。その石を踏んで、私はいまから山に入ろうとする。

大地と一体となってもおのが存在を失わない石は、男でなくてなんであろう。石に触れるとひんやりと冷たく、鍛えぬかれた男の筋肉を連想する。かつて山中を跋扈《ばっこ》飛翔《ひしょう》した修験者たちの荒い息づかいが聞こえてきた。わが身がかよわい（?）女であることをひしひしと感じてしまう。

山全体に不思議な妖しさが漂っており、これこそ私が長年求めつづけた「恋しい人」の気配なのだ。私は風のざわめきにも心を震わせながら、山へ入った。

修験者には、自分を無にして自然に身をゆだね、その力をいただくという自然崇拝（アニミズム）が根本にある。くわえて「草木国土《そうもくこくど》悉皆成仏《しっかいじょうぶつ》」、あらゆるものが仏になるという最澄《さいちょう》の教え、また「生かせ命」、すべてに命が宿っていると説く空海《くうかい》の教えをも尊び守る、神仏習合の思想を持つ。自然を敬い、自然と人間が共存しともに生きる思想は、無神論者の私もいたく共鳴するところだ。

修験者は山に住んで、峰を巡り、谷を渡り、自らの心身を極限まで荒行で鍛え、自然と一体となって超能力ともいえる法力を会得したという。その男たちに会いたい一念で、私の求菩提山通いが始まった。熟女の深情けである。

求菩提修験道の概要を知るために、まず求菩提資料館の初代館長であり、求菩提山研究の第一人者、重松敏美先生の門を叩く。山伏さんに恋焦がれて舞い上がった私に、専門的な話を根気よく教えてくださった。

「求菩提」の「菩提《ぼだい》」を辞書で引くと「煩悩を断って不生不滅の真理を悟り得た境地」と書い

てあった。凡人には煩悩を断つことすら難しいのに、普遍の悟りなど不可能とあきらめが先にくる。「女子と小人とは養い難し」の『論語』ではないが、女子は男のように単純ではないのだぞ、と強がってみせても仕方がないか。

「求菩提山」という山号の由来は、「上求菩提《じようぐぼだい》、下化衆生《げけしゆじよう》」という仏語からきたもので、「自分自身が菩提を求めるとともに、慈悲の心をもって仏道によって衆生を教化済度するという大乗仏教の精神を表している」と、すごい中身の濃い言葉だが、いかんせん私の理解度は低く、重松先生の顔に落胆の色が見てとれた。ゴメンナサイ！

ただ一目山伏さんに会いたいという罰当たりな目的で、修験道の聖域に入って行った私は、恋しい山伏さんに会えるだろうか。恋の成就を一緒に祈っていただきたい。これぞまさに苦しいときの神頼みである。

桟　比呂子

平成十八年四月

求菩提山　私の修験ロード◉目次

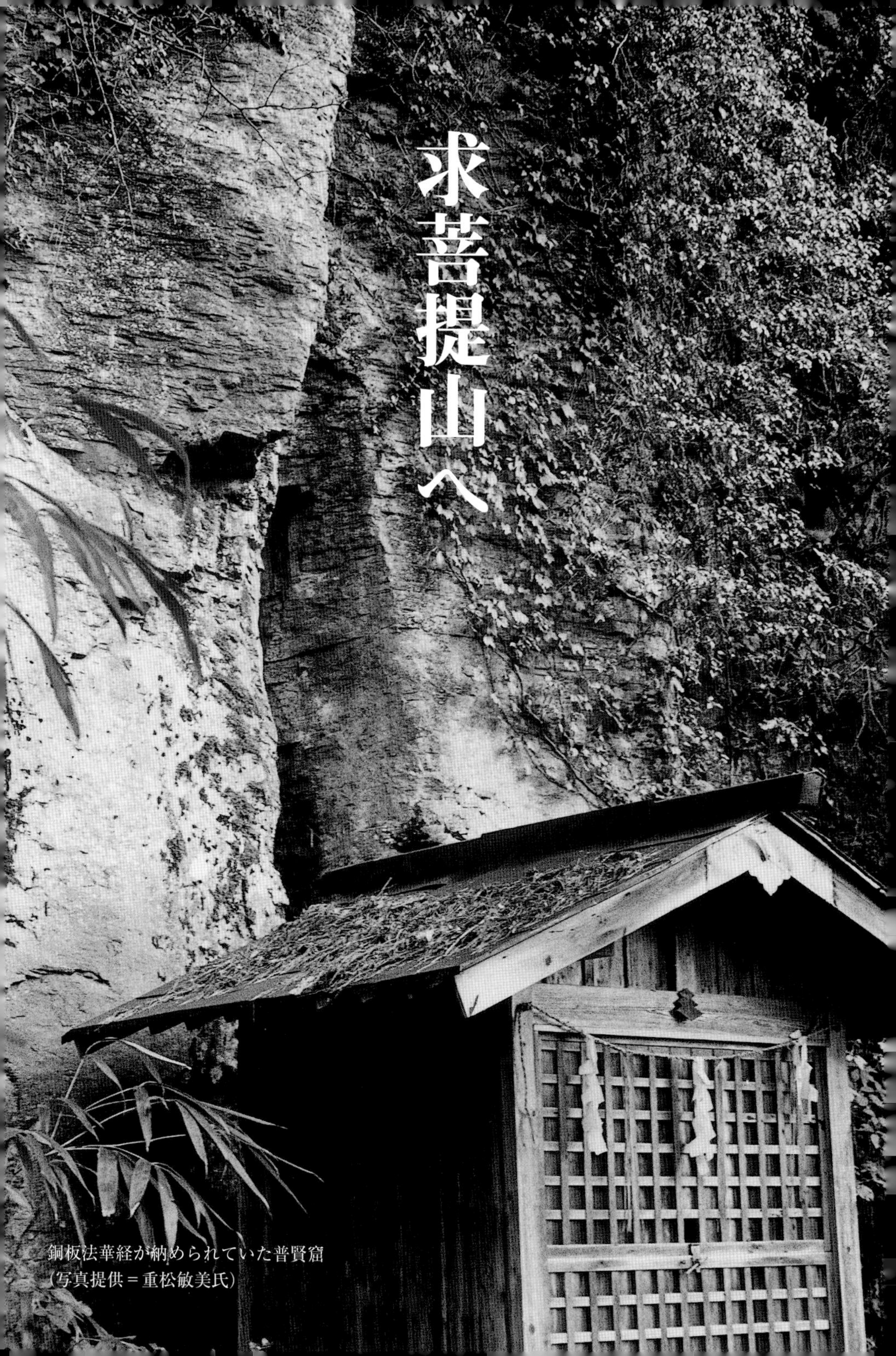

銅板法華経が納められていた普賢窟
（写真提供＝重松敏美氏）

# 求菩提山と修験道

▼求菩提山の歴史

標高七八二メートルの求菩提山は福岡県豊前市《ぶぜんし》の南部にあって、南は大分県境となり、西側は山裾を築上郡築上町（旧椎田町）に広げている。JR宇島駅から南西に一七キロ、英彦山《ひこさん》（一二〇〇m）から国東半島まで東西に山々が連なる山陵のなかにある。

前方に連なる山並みのなかでも、求菩提山《くぼてさん》（七八二m）はひときわ優美な姿で聳え立っている。田畑を潤す水を生み、山頂には巨石が重なり、その間から白い蒸気が立ち昇る。古代の人々は神の棲む山、霊山として崇めていた。

養老五（七二一）年、開山の祖といわれる行善《ぎょうぜん》上人が護国寺を建立し、仏語の「上求菩提《じょうぐぼだい》　下化衆生《げけしゅじょう》」から山号を「求菩提山」としたことで、山名になったと伝えられる。

求菩提山を知る希少な史料である『求菩提山縁起』は、領主となった細川・小笠原家に、求菩提山開基の由来や霊験縁起を山伏が言上したのをまとめたもので、山に残された「当務日記（覚）」にも寛永十（一六三三）年に言上と記してある。ところがこの『縁起』の原本は、享保十二（一七二七）年の火災で焼失してしまい、現在残っている『縁起』は祐官坊が小笠原家に行き写させてもらったものらしく、原本ではない。のちに書かれた「来歴略記」や「求菩提山雑記」は、この『縁起』に基づいたものだという。

さて『求菩提山縁起』によると、「継体二十（五二六）年猛ル覚魔卜仙と言うもの、此岳の金光を尋ねて山頂によじ登り、頗る神明降の端相有るが故に、初めて大己貴命の祠を建て是を祭る」とある。

「猛（ル）覚魔」は「モウカクマ」とか「タケルカクマ」などと呼ばれ、「猛」は「強い」、「覚魔」は「聖者」で、いかにも強い力と霊力をもっているようだ。「卜仙《ぼくせん》」は「卜占」と重なり、占師・シャーマン

求菩提山から望む犬ケ岳。頂上には猛覚魔卜仙が退治したとされる鬼八匹の霊が甕に封印されている

と思われる。名前からして渡来人のようである。歴史的にも豊前地方は渡来人の多いところでもある。

　大宝二（七〇二）年の豊前国の戸籍帳を見ると、秦部と勝《すぐり》の姓をもつ者が総人口の約九五パーセントを占めている。「豊前国三里」といわれたうちの一つ、上三毛郡塔里（現築上郡上毛町上唐原・下唐原）にいたっては、総人口一二九人のうち、一二四人が渡来人である（豊前市史編纂委員会編『豊前市史　上巻』豊前市）。

　伝承では北九州の山々は大陸の人によって開かれたとある。英彦山の開山は「北魏の人」であり、檜原山《ひばるさん》（七三五m）は「大陸の人」、犬ケ岳《いぬがたけ》（一一三一m）の長福寺も「渡来の人」と言われているが、裏づける資料はない。しかしそれと別にしても農耕、機織、鋳鐘、瓦などの文化の礎は、渡来人の力を抜きには考えられないと思う。

　卜仙は「異奴岳（犬ケ岳）の八匹の鬼が暴れるので国家の害多し」と、呪術《じゅじゅつ》をもって退治した。その霊を甕に封じ込めて犬ケ岳の山頂に納め、正月八日に求菩提山の鬼神社《おにがみしゃ》で鎮祭（鬼会）を行っていたという。その卜仙が「この山（求菩提山）には不思議な霊気が漂っている」と求菩提山の山頂に初めて大己貴命《おおなむちのみこと》を祀ったと伝えられている。

　大己貴命は大国主命のことであり、大国を治める大王という意味である。「因幡の白兎」の話は有名で、歌にもなって親しまれている神さまだ。この神さまは大変な美男子で女性にモテモテだったので、生まれた子どもはなんと一八〇余名。あまりモテるので嫉妬されたのか、異母兄弟からいじめにあうが、幾多の困難も女性たちによって救われるという男冥利に尽きる神さまなのだ。

　それから約二〇〇〇年後、行善上人によって護国寺が建てられ開基とされる。行善は薩州河辺の出で、養老二年に唐より帰り、同四年「隼人の反乱に際し朝廷の命により宇佐宮に祈る」と『求菩提山縁起』にある。朝廷はその褒美として寺領六十余町を与え、求菩提山護国寺を建立。僧坊二十八を置いて鎮護国家の道を定めたという。行善が勧請した神は白山妙理大権現で、伊弉冉尊《いざなみのみこと》の化身とされる白山比女である（重松敏美編著『豊州求菩提山修験文化攷』豊前市教育委員会）。

　求菩提山は地主《じしゅ》権現である大己貴神と、白山妙理大権現の二所権現である。地主神の大己貴神が白山比女をお嫁に迎えたとでもいおうか。そして六人の王子が生まれ、その名を一佐羅王子、二佐羅王子から六佐羅王子で、それぞれ求菩提六峰の六つの末寺に小白山権現として祀られている。

　ちなみに権現とは、仏が権（かり）に神の姿で現れ人々を救済するという「本地垂迹説《ほんじすいじゃくせつ》」によるもので、平安時代から神仏同体を説いている。大己貴神の本地仏は薬師如来、白山比女は十一面観音である。

　求菩提山の修験については、その初期のころの史料はほとんど残されておらず、不明な点が多い。しかし、保延年代（一一三五―一一四一）、天皇の命令によって求菩提山に入山した頼厳《らいげん》上人からは、明確な足跡が残されており歴史的にも立証されている。

　頼厳は末法到来といわれた十一世紀後半から十二世紀初めに比叡山《ひえいざん》で修行し、宮中に推挙されて雨乞いや病気平癒の祈禱をして信頼を得ていた。その後、求菩提山に入山してから山内の諸堂を修造し、二重の塔を建て、釈迦如来を安置。さらに自ら一千日の大行を実践し、行法を伝え山伏出世の規制を定めるなど、力を尽くした。そして何よりも頼厳の功績は、国家泰平を祈って「銅板法華経」（国宝）三十三枚を刻み普賢窟に埋納したことだろう。後々まで求菩提山の価値を高らしめ、中興の祖として名前を残した。

　頼厳は比叡山で学んだ天台宗の僧だが、当時まだ修験道は明確には形づくられていなかった。修験道が確立されるのは室町後期で、求菩提山一山《いっさん》が聖護院の末寺となったのは明応三（一四九四）年である。聖護院の勢力を拡大するために西日本の修験の山々を廻っていた、熊野三山検校である三宮道興《みちおき》が求菩提山に入山したのがきっかけだった。そのとき道興は、

我も下化衆生のため分け入れば上求菩提と名のる山かな
御熊野の山のやま守まちえてや神もこころの花を見すらむ

の和歌二首を詠んでいる。ちなみに一山とは六峰も含む四至（所領の東西南北の境界）内の寺域のことであり、坊中とは一山を単位としている。

行善によって護国寺が建立されてから約一一五〇年後、明治新政府により「神仏分離令」が発布され、神仏習合の寺院である護国寺は、寺院か神社か選択を迫られた。時代の趨勢《すうせい》もあり、護国寺は神社を選び「国玉神社」に改名。現在の国玉神社の中宮が、かつての護国寺にあたる。また、中宮のそばにある鬼神社の向かいの道を一〇〇メートルほど行くと、石室がある。そこが護国寺奥の院だといわれている。

## ▼求菩提山と六の数

求菩提山における修験道のことを調べていると、「六」に関する事柄が多いのに気づいた。例えば一山には六つの谷があり、谷ごとに院が建立されて六谷六院である。上谷—識盛院、杉谷—清浄院（のちに安浄寺）、西谷—福寿院、下谷—五智院、南谷—宝生院、北谷—吉祥院、これを六坊中と呼び、谷ごとに寺社や宿坊、窟などが存在し、修験者たちの行場でもあった。さらに院を中心とした共同体組織をつくり、生活を営むムラでもあった。近世になると修験者の数も増えたのか、中谷が加わって七

「銅板法華経」三十三枚を刻み、求菩提山中興の祖といわれる頼厳の像（国玉神社寄託・福岡県求菩提資料館蔵）

谷になる。集落の出入口には必ず庚申塔《こうしんとう》が建てられており、それによってかつての谷の様子がわかるという。

また頼厳上人の高弟六僧は、上足勢實和尚、阿闍梨隆胤、幸賢、千慶法師、円城房厳尊和尚、智覚坊隆鑒で、「六哲」と呼ばれた。

求菩提山の外に眼を移すと、寺や堂を御座所として、護国寺を中心に求菩提六峰がある。大己貴神と白山比女のお子の六王子を六つの峰の六方位に配した小白山を祀り、求菩提を遥拝《ようはい》できるようになっていた。西方―飯盛山権現・東光寺、北方―鬼ヶ州《おにがしま》権現・鬼塚、北東―常在山権現・如法寺、東方―松尾山権現・医王寺、東南―両界山権現・経読堂、南方―宝勝山権現・長福寺、である。近世になると、飯盛は玉置権現・吉祥寺、鬼ヶ州は釈迦岳権現に移り、六峰も時代とともに勢力は弱められ、寺域も狭くなっている。

また六峰は四方浄土を想定して構成され、東の松尾山は薬師浄土、西の飯盛山は阿弥陀浄土、南の宝勝山は釈迦浄土、北の鬼塚は弥勒浄土を表している。北東の常在山は鬼門を封じ、東南の両界山は金剛界と胎蔵界の接点に位置し、経読堂は峰入りのときの経読場とも言われている。

六方とは方位を表す。その山々を修行で巡ることを「六峰満行」といい、巡った山伏を「六方法師」と呼んだ。歌舞伎などで役者が花道で、手を振り足を高く踏み鳴らしながら歩く身振りを「六方を踏む」という。有名なのは「勧進帳」で、山伏姿の弁慶が安宅の関を無事に通り抜けて義経を追う花道の場面だろう。語源は山伏の六峰満行に起因している。

弁慶といえば、求菩提山にきたという話がある。元暦元（一一八四）年、一ノ谷の奇襲で勝利した義経は翌年三月二十四日、壇ノ浦に平家を追い詰め壊滅させた。しかしその功も虚しく、兄頼朝から追われる身となってしまった。義経一行は、追っ手から逃れ摂津大《だい》物浦《もつのうら》から小舟に乗って、現在の築上町宇留津へ向かう途中嵐に遭い、その後消息を断ってしまった。

そのころ弁慶が求菩提山に来ていたというのだ。もしそれが事実であり、義経を味方する豊後の緒方三郎惟栄《これよし》を訪ね豊前の山伏集団と会ったならば、歴史は大きく変わっていたかもしれない。しかしわかっているのは、行方不明になった数年後、山伏姿になった義経

| | | |
|---|---|---|
| 六峰 | 西 ── 飯盛山権現東光寺（のちに玉置権現吉祥寺）<br>北 ── 鬼ヶ州権現鬼塚（のちに釈迦岳権現）<br>北東─常在山権現如法寺　東 ── 松尾山権現医王寺<br>東南─両界山権現経読堂　南 ── 宝勝山権現長福寺 | |
| 四至 | 東面 ── 斗部火の浦（のちに弁財天岩）※斗部 ── 現在の豊前市篠瀬戸符<br>西面 ── 鋒立（のちに寒田）※鋒立 ── 現在の築上町<br>南面 ── 犬ケ岳（のちに原宿の尾）<br>北面 ── 国見山石塔（のちに次郎坊の尾根筋） | |
| 七口 | 鳥井畑八丁口（東の大鳥居）<br>上八丁口（もと下宮の場所）<br>産家口（求菩提山公共駐車場の登り口）<br>世須岳口（世須岳から）<br>国見口（椎田の小原の谷から）<br>犬ケ岳口（犬ケ岳の方から護摩場跡に入る道）<br>寒田口（西の大鳥居） | |

求菩提山六峰と四至（求菩提山所領の境界）、七口（求菩提山への入り口）の概要

一行が、比叡山延暦寺から吉野・大峰、そして出羽の羽黒山《はぐろさん》（四一四m）と修験に関係した山や寺をまわり、奥州へ向かった足取りだけだ。

余談だが、奥州へ行く義経一行は結袈裟をつけた山伏姿で表されるが、あの装束が定まったのは室町中期で、鎌倉時代にはまだなかった、というのが真相とか。

さて、まだまだ六の数はある。山伏は峰入りの道すがら、あるいは里へ下りたときに法螺貝を吹き鳴らし、「六根清浄《ろっこんしょうじょう》」と大声で叫び、「懺悔、さんげ」と唱和して歩く。六根とは、目、耳、鼻、舌、身、意の六つの感覚をつかさどる器官のことで、それが因果でさまざまな迷いが生じるという。これも六の数である。その六根の執着を断つぞ、身は潔白になるぞ、と口々に叫び自分に言い聞かせているのだ。そのためには過去を悔い改め、いま抱いている煩悩も消滅させるぞと「懺悔、さんげ」とつづく。白装束は潔白の表れであるが、これがなかなかね。言うは易く、行うは難し。

### ▼修験と修験道

「修験」と「修験道」は同じではない。修験とは、

あくまでも山で修行の実践をすることで、「修行験得」である。修行によって「験《しるし》」を得、実践する人たちを修験者という。「抖擻行《とそうぎょう》（山駆け）」を基本に、断食行、滝行、水行、土中行、目隠行、夜間行、さらに苛酷な千日行などさまざまな修行がある。九州はとくに荒行が多く、同じ千日行をとっても、求菩提山では三年連続して荒行を積むが、羽黒山の場合は七年間で千日積めばいいのだ。

修験道は、自然発生的な山岳信仰に神道や密教、道教や陰陽道などの山林修行を取り入れて、山伏の教団組織ができた室町中期に独自の教理を成立させ、室町後期に確立された。ちなみに三大修験道場とは、出羽三山（月山、羽黒山、湯殿山）と吉野（大峰山）、そして英彦山を中心とした旧豊前の山々である。

修験道の主尊は役行者《えんのぎょうじゃ》（役小角《えんのおづぬ》）が感得《かんとく》した金剛蔵王権現だが、修験道のその教えから、金胎両部の曼荼羅、大日如来、また不動明王ともいわれる。

不動明王は大日如来の忿怒《ふんぬ》の形を表す化身とされ、山伏は「我が身即ち不動なり」と、自らを不動明王の化身としている。

### ▼山伏の修行

山伏の修行は一言でいうと「擬死再生」である。過去の自分を捨て去り、生まれ変わりを体験するために行われる。山中を母の胎内とみたて、禊《みそぎ》をして死装束である白衣《はくえ》を身につけ、護摩と呼ばれる火の儀式でいっさいの煩悩を焼き尽くし、自分の葬儀を営む。胎内という宇宙に身を投じ、谷を渡り峰をめぐり、荒行を積んで自然から生命をいただき、生まれ変わるのだ。

山伏が修行を終えて山を下り、結界である鳥居を出るときには、「オー！」と大声をあげながら手にした矛を鳥居の外へ投げ、勢いよく駆け抜けていくという。これを「駆《か》け出《いで》」といい、その大声は母の胎内からの誕生を意味する産声なのだ。鳥居は陰を表し、矛は陽を表す。陰と陽が交わって新しい命を生みだすのだ。修行は死と再生を繰り返し行われる。

求菩提山伏の修行のなかでは、三季の「峰入り」がもっとも大切なものであり、その形態は開山の祖・行善上人が求菩提に伝えたといわれている。春、夏、秋の三季のことだが、夏の峰入りについては残念ながら史料が残されていない。春は七十五日、秋は三十五日

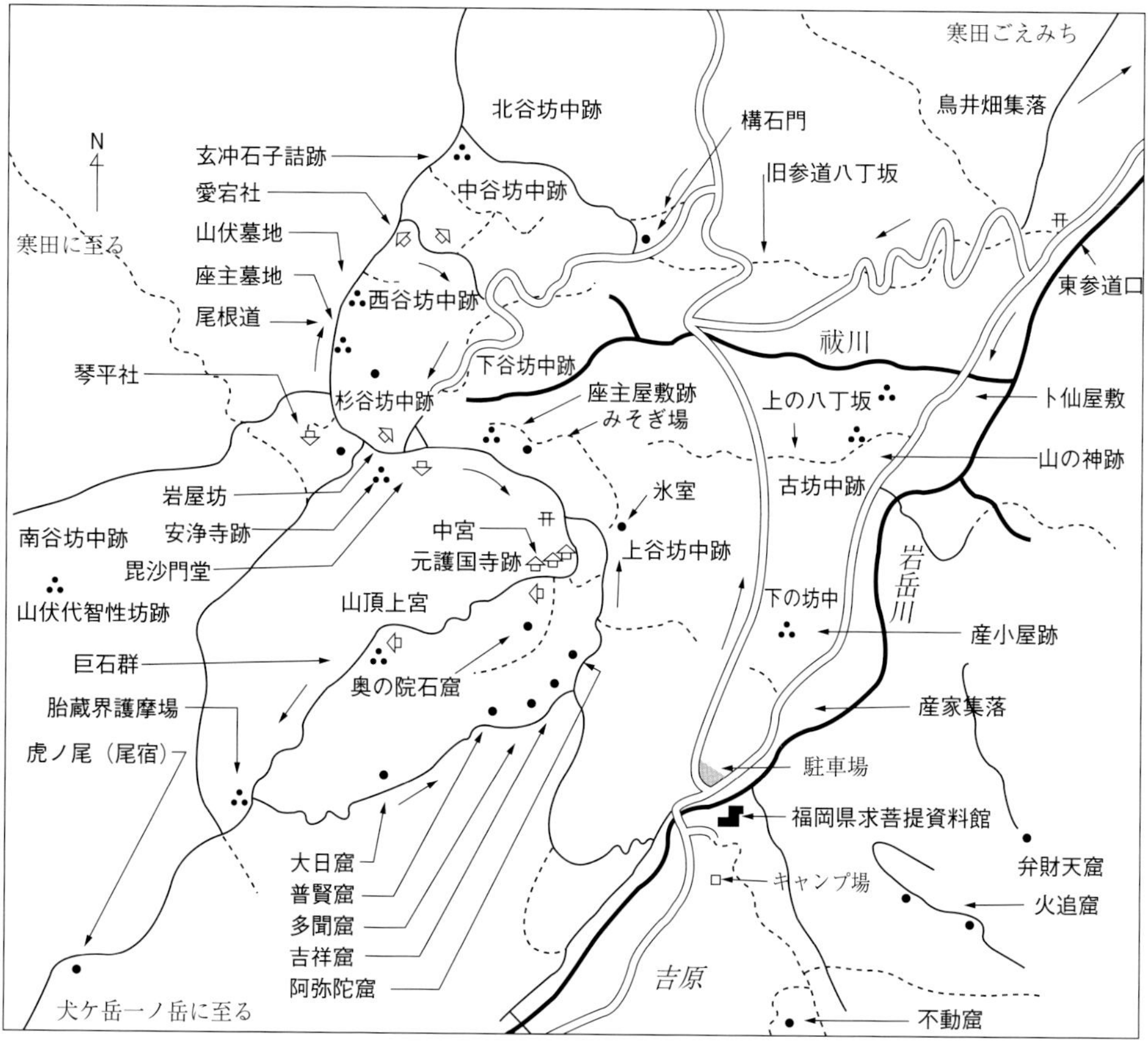


求菩提山内略図（重松敏美著『山伏まんだら』日本放送出版協会刊をもとに作成）

と決められている。

三月二十九日（旧二月二十九日）の松会（御田植祭）が終ると、山伏たちは七十五日の春峰に出かける。春峰は求菩提山を北に下る。山を東面に見て右から巡るのが胎蔵界で、国見山（六三八ｍ）から日出野、岩丸、椎田の浜松福寺、角田、小山田、本庄の村々を廻り寒田村から一旦帰山。このように里へ下りて村々を廻るコースを「出郡修験」という。さらに山へ入り三ノ岳（一〇一九ｍ）から二ノ岳（一一二〇ｍ）、一ノ岳（一一二四ｍ）、犬ケ岳、長福寺、不動窟（宿）を巡るのが「山修験」である。右巡りの春峰を胎蔵界、左巡りの秋峰を金剛界と想定して、峰入りが行われる。ちなみに曼荼羅図を並べるときも右側に胎蔵界、左側に金剛界となっている。

四月十五日から七月十五日までは、

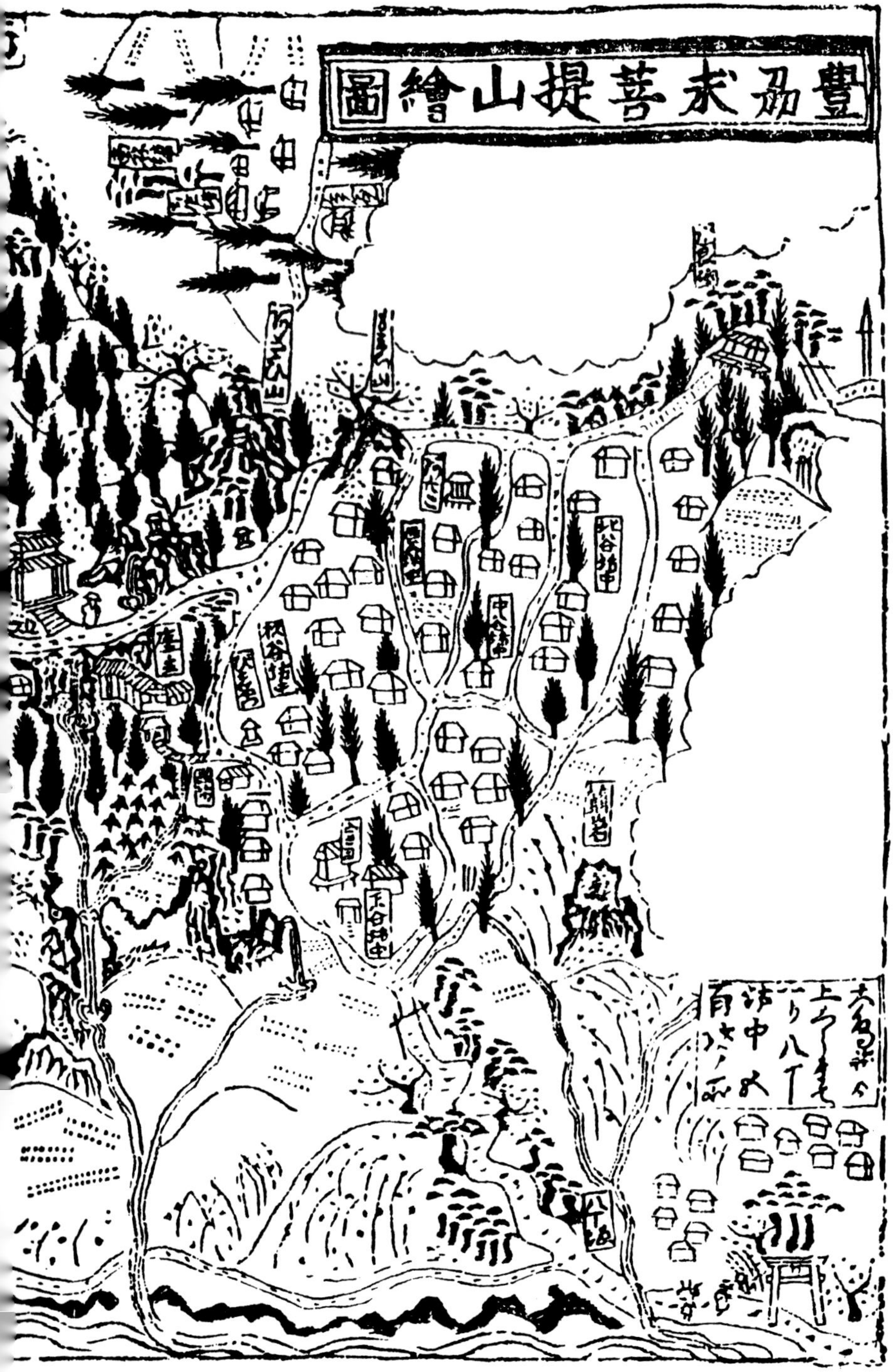
豊刕求菩提山繪圖
北谷坊中
中谷坊中
座主

明和元（1764）年、桜の版木に彫られた「豊州求菩提山絵図」（重松敏美著『山伏まんだら』日本放送出版協会刊より転載）

聖躰坊《せいたいぼう》や十和尚を中心に「夏安居《げあんご》」と呼ばれる「静」の修行がある。五〇〇巻あまりの法華経を転読したり、静かに写経を行う期間である。九月から十月にかけて「如法会《にょうぼうえ》」があり、写経の供養をして旧暦の十月二十一日、経筒に入れて埋納される。宇佐神宮から見ると求菩提山は真西にあり、その時季は沈む太陽の光が山を包んでまるで浄土のように見えるという。「西の浄土に夕日が沈む」といわれた浄土信仰と宇佐神宮との関係がうかがわれる。

秋峰は夏安居が終ったあとの八、九月に行われる。求菩提山を春峰とは逆に、左から里をまわり、轟谷、両界山、犬ケ岳、長福寺へ。廻路は鳥井畑、篠瀬、大河内、山内、緒方と巡る。轟谷までが「出郡修験」でそれからは「山修験」である。左回りの秋峰を金剛界としている。

村々を廻る「出郡修験」は昼間行われるので苦労といっても耐えられるが、「山修験」は主に夜に行われ、暗く険しい山中を窟から窟へ月明かりだけを頼りに移動し、礼拝・念仏を捧げる。食べるものは手の平のくぼみに入る程度の米と水だけで、自生している果実も口にしてはいけない。水は沢まで汲みに行かなければならず、水汲みは新客山伏（新入りの山伏）の仕事であった。

新客山伏は自分の分と先輩の分まで竹筒に汲み、沢と窟を何度も往復するのだ。そして湯を沸かし、火は宿となる窟のなかで一晩中燃やしつづけなければならない。夜間泊まる窟は宿と呼ばれ、宿の上には大抵目印の松の木があり、天狗松と呼ばれていた。天狗が夜来て泊まると、いまも伝えられている。

新客山伏が修行の途中で倒れたりすると、頭から水をかぶせられて、先輩山伏が引きずって廻ったという。といっても、峰入りも厳しい面ばかりではないようだ。「天保十一（一八四〇）年八月吉日」とある「峯中札所一切改帳」の「秋峰日記」を見ると、出郡修験では宿で大護摩供養を行い村々から見舞いの品が届けられている。酒肴が多く、ほかに餅やまんじゅう、やき米など記されており、接待の座がもたれた様子もうかがえる。山伏には酒飲みが多かったと聞く。新客山伏は別として、けっこう息抜きもあったのだろう。

## ○山伏の十六道具とその教義的な意味

一、**兜巾**《ときん》（**頭襟・頭巾**）　峰入り修行などの際に頭にかぶる小頭巾。十二因縁（苦の原因を十二段階に立てたもの）の理を悟り、求菩提《ぐぼだい》の行を積むことにより不動明王と化すことを示す。

二、**法螺**《ほら》（**護法螺**）　山伏が読経・合図・指令などの際に吹く貝。転凡入聖（凡人・悪人から転じて聖人になること）の法具といわれている。

三、**錫杖**《しゃくじょう》　鉄の円環を両側にはめた半円形の鉄輪を杖の先につけ、音が出るようにしたもの。山で蛇や害虫を追い、また行乞を知らせる役割を果たす。衆生を悟りに導く智杖といわれる。

四、**鈴懸**《すずかけ》（**篠懸**）　修験道の法衣。上衣は金剛界を、袴は胎蔵界を表し、総じて金胎両部の曼荼羅を表す。

五、**結袈裟**《ゆいげさ》（**不動袈裟**）　修行に便利なように簡略化した修験道独自の袈裟。一説には母胎内の胞衣を固めたのが結袈裟で、これにより胎内にいるときのように諸難を防ぐことを示すという。

六、**斑蓋**《あやいがさ》（「はんがい」とも）　峰入りなどの際に用いられる、檜で円形に作った雨露よけの笠。仏頂を荘厳する天蓋を示し、また衆生が母胎内にいるときの胞衣を示すという。

七、**最多角念珠**《いらたかねんじゅ》　ソロバンの玉の形をした一〇八の珠からなる念珠。念珠は煩悩を断じて仏果を生み出す法具とされている。

八、**笈**《おい》（「きゅう」とも）　仏具など峰入りの際に必要な道具を入れて背負う箱。笈の上にのせる肩箱と一具をなす。笈は胎蔵界、肩箱は金剛界を象徴する。一説には、笈は行者（胎児）を抱く母胎で、斑蓋が母胎の胞衣、螺緒が臍帯であり、これで母子を結ぶとされる。

十、**引敷**《ひっしき》（「ひきしき」とも）　鹿・熊・兎などの毛皮にひもをつけて腰にしばり、尻にあてて座る小さな敷物。

十一、**螺緒**《かいのお》（「らお」とも）　峰入りの際に腰の周囲にまく二本の紅または黄色の長い麻のより綱。岩場や崖などを登る際の補助として用いられる。

十二、**柴打**《しばうち》　入峰中や護摩の際に小木を採ったり切ったりするのに用いる小刀。不動明王の利剣を表すという。

十二、**檜扇**《ひおうぎ》（「ひせん」とも）　檜の薄い板で作った扇。拝礼の際や護摩の火を煽ぐときに用いる。檜は智慧の火を表し、護摩の際にこれを用いるのは、煩悩の象徴である小木を智慧の火で焼き尽くすことを意味するという。

十三、**金剛杖**《こんごうづえ》　山道を歩くときの杖。杖の長さはその修行者の身長に合わせる。これは修行者自身が金胎不二の卒塔婆となることを示すという。

十四、**斧**《おの》　もとは修行者が山林に分け入る際の行路を切り開くための用具であったが、次第に形式化して儀式の法具となった。天地陰陽和合の深意を持つという。

十五、**脚半**《きゃはん》　足の保護のために脛に巻く黒色の布。筒脚半（胎蔵界黒色）、剣先脚半（金剛界黒色）、金胎不二の脚半の三種類があり、春・秋・夏の三峰の脚半に則して胎・金・金胎不二の思想が表象されている。

十六、**八目草鞋**《やつめわらじ》　周囲に八個の耳をつけた修験道独自の草鞋。八つの耳は八葉の蓮華を表しており、それを履く修行者が八葉の蓮台に乗っていることを表すという。

▼一山の組織

山伏社会のしくみは複雑で、上下関係も厳しく定められている。

まず、座主《ざす》が法務の権限をもって一山を治める法頭である。座主の下には「聖躰坊」と呼ばれる十人の天台宗の僧侶がおり、その下に山伏集団がいる。山伏も下臈《げろう》、中臈《ちゅうろう》、高臈《こうろう》、極臈《ごくろう》の四段階に分かれて上下関係がはっきりしている。まずは新弟子から極臈までの流れを見てみたい。

三季の峰入りは山伏の主要な修行だが、すべての山伏がすぐに参加できるわけではない。各坊には厄界《やっかい》男《おとこ》と呼ばれる見習山伏がいるが、新入り山伏はまずは下谷にある北中坊《ほくちゅうぼう》道場で、住込下男として坊の雑用をしなければならない。北中坊は別当職にあたり、座主代行の権限を持つところだ。ここで下男として働いている間に、加行《けぎょう》許可でもある総髪の許可を政所《まつりどころ》に申し出る。

政所とは一山の法務を司るところで、極臈十人が務めている。天台宗山伏は肩まで髪を伸ばす総髪だが、真言宗は坊主である。政所の許可が下りれば冥加銀を納め、加行に入ることができる。加行とは、弟子入りしたばかりの山伏が初歩的な修行をすることをいう。

加行は三十七日間。毎日禊場で水ごりをして身を清め、上宮に香花水を供えるために「鬼の磴《とう》」を上り下りする。八五〇段の石段を上りながら「三宝大荒神、伊勢天照皇大神宮、熊野大権現、白山両所大権現、大峰八大金剛童子、葛城七大和光童子」（「求菩提山加行礼拝度数」）など、日本六十余州の神々に起居礼《きこらい》を繰り返す厳しい修行である。それが終ると山内の諸堂を礼拝しながら一巡する。

加行の間に、北中坊で諸法儀を伝授され、日夜勤行に努めければならない。三十七日目の満行の日に不動護摩を会得し終ると、初めて「本覚山伏」となり、やっと山伏の入り口に立つことができる。といっても本覚山伏は峰入りに参加はできるが、まだ一人前とは認められないのだ。峰入りに参加するには、政所に冥加銀を添えて願書を提出する。

春と秋の峰入りが終ると、本覚山伏は全国の峰々を訪ねて社寺に大乗妙典《だいじょうみょうてん》を納める廻行修行の旅に出なければならない。昭和三十五（一九六〇）年に坊から

「箱笈」（上・下）上の箱笈の中央の菊の御紋は聖護院宮門跡の印（福岡県求菩提資料館蔵）
中央は「板笈」（国玉神社寄託・福岡県求菩提資料館蔵／写真提供＝共に重松敏美氏）

発見された、正徳四（一七一四）年の修験者鉄心坊の「全国回峯行程図」を見ると、同年二月に宇佐神宮を出発して日本海側を羽黒山まで廻り、さらに奥州から太平洋側を西下して備後から四国へ、そして周防へ渡って筑前に戻り、帰山は同六年の三月で二年一カ月を要している。

全国納経の旅から帰ると、役行者以来の血脈《けちみゃく》道場の証文、つまり修了証書をいただいて、血判で法義の秘密厳守を誓う。修行中に伝授される法義は秘伝のため、そのつど証文を書いては飲み込まされていたという。さらに修行が終ると秘密厳守の誓いである抹香を飲まされる。そこで初めて祭事への参加が認められ、山伏の一員として「下臈」の末席に加えられるのだ。

下臈にも修行の度数によって上下がある。下臈山伏の仕事は主に雑務である。下臈も年を経て行くと年中行事を務めるようになり「中臈」に昇進する。さらに法徳を積んで「際《きわ》」十人の位に進む。際は山の最も大切な行事である松会の当務を担当できる座で、「盛一臈《もれいちろう》」と呼ぶ。際十年目に松会の座役を務めると一千日の入行資格ができる。そして一千日の大行を終えた者は「高臈」となり、「勅願師《ちょくがんし》」の資格が与えられた。

勅願師は、天災や政変などのとき、勅令による鎮護国家、玉体安穏などを祈願する。「勅宣護摩供」を焚く法会を務めることができるのだ。例えば蒙古襲来などのときは頻繁に焚かれたことだろう。

千日行に入る際は、その一年前から爪や髪を切ってはならず、また女人断ちとなる。その間に修法の指導などを受けながら準備を進めていくのだが、特記すべきことは、この準備期間内の正月八日の鬼会のとき、卜仙が犬ケ岳の山頂に鎮めたという鬼の霊が入っている筥を開けることができるということだ。

千日行に入ると常香堂（常行堂）を基点に、毎日上宮の華水供を繰り返す。八五〇段の鬼の磴の両側に勧請した日本六十余州の石体一つひとつに神々の名を唱えながら祈念し、上宮に着くと勤行に入る。さらに山中の諸堂をめぐり常香堂に戻ってくると、燈明を絶やさず香をたき、読経を続けるのだ。食物は一日手の平一杯の米だけ。満行すると小倉藩奉行に挨拶し、頼厳入定の地である妙楽寺（宇佐）に報告の木札を納めて、修了となる。

千日行も羽黒山などは七年の内に千日だが、求菩提山の場合は約三年の間、一日も休むことのできない熾烈極まる修行である。

大行が終ると「極臈」に昇格し、山伏としては一山の最高位である「長床《ながとく》」の座につく。長床の数は一山の勢力によって定められており、求菩提山では、明応三（一四九四）年には二十八人許されていたのが、江戸期には十人と減少している。山伏はいわゆる「僧侶」ではないが、法徳を積んで極臈までいくと、得度して僧の座につくことができ、和尚《かしょう》と呼ばれる。ただし僧侶ではなく山伏和尚である。求菩提山では山伏の最高位を「長床第一和尚」と呼び、一番新しい長床は「長床第十和尚」となる。

高臈になっても、病気や死亡で欠員が出ないかぎり、長床に昇格はできない。年齢構成の記録を見ると（「一和尚一老綴」元禄以降）、千日行入行者はほとんどが六十歳以上である。長床は七十七歳から九十一歳で、平均八十四歳と長命で、修験者の精神力と肉体の強靱さを物語っているようだ。

山は閉ざされた世界で、自ら作った掟によって治められていた。武家社会に似た階級を作り、上下関係の厳しい縦の社会構造である。修行には体力、気力、精神力が必要で、終わりのない苦しい「道」だが、もし掟を破ったり耐えられずに逃亡した山伏には、みせしめのための刑罰がある。刑罰は石子詰《いしこづめ》のように、時間をかけてなぶり殺しにするような陰惨なものが多い。

元禄五（一六九二）年になると、座主も領主小笠原一族の世襲になり、山も寺社奉行を通して支配されるようになっていった。

### ▼山伏と里人

霊力を取得した山岳修験者は里人の拠り所であり、願いを神に伝えてくれる仲介者でもあった。

里人に畏敬の念をもって迎えられていた山伏だが、近世になると信仰的なものより生活万端においての信頼で、より結びついていった。呪術・祈禱《きとう》だけでなく、医学・化学はもちろん家事全般から身の上相談まで、ありとあらゆる知識を身につけた山伏は「生活百科辞典」的存在だったことは推察できる。

古来から呪術といえば「亀卜《きぼく》呪法」がある。求菩提山では、築上郡の泥ケ淵で捕えた亀の甲羅に秘文を書いて、龍神が棲む犬ケ岳の阿淵（恐し淵）に投げ入れて、吉凶を占った。

また、呪術の一般的なものとしては「護符」がある。紙や木札に書いたお守り札で、守りたい場所に貼ったり身につけたり飲み下したりする。梵字や漢字、絵文字や判じ物などさまざまに組み合わせたお札で、これも一種のおまじない（呪術）なのだ。なかでも求菩提の代表格は、霊鳥であるカラスを七羽描いた「牛王宝印」料紙である。

「牛王」の名称については諸説あるが、「牛黄」という霊薬を印色として護符に用いたことから「牛王」とされたのではないかとも言われており、一切の病魔を砕除する霊力を持っているとされている。

古い料紙は左に「黄」の字が書かれ、中央に山の霊鳥、右に山号と印があり、印は牛黄を削った汁で押していたという。現在でもこの牛黄が使われているのは、奈良の新薬師寺だけで、薬師如来と牛黄を入れた牛の像を紐で結んで結界をつくり、正月の修正会で祈念した「牛王宝印」料紙を頒布している。

牛黄を重松先生に見せていただいた。黒茶色の三センチくらいの固い石だった。牛黄とは、牛の腸・肝・胆にできる結石で、大きさも形もまちまちのようだ。ちなみに英彦山の牛王宝印料紙に描かれている霊鳥は三羽の鷹、熊野牛王神符（本宮）は八十八羽のカラスが描かれている。

そのほか、どんな願い事にも適応できる多種多様なお札がある。それにお経や真言を唱えたり、「刀払」などすると、霊験あらたかに思えてくる。「病は気から」と言うし「気の持ちよう」とも言う。里人に護符を信じさせる力量は山伏の各人各様で、それが人気のバロメーターとなり、売り上げの違いとなっていた。

護符や呪術は山々で独自性を持っており、口伝のため正式に書いたものは残されていない。次に紹介するものは、戦後無人になった坊屋の襖や壁に貼ってあったものを、一枚一枚何年もかけてはがし集めたものだ。『豊州求菩提修験文化攷』に収められているものから一部紹介しよう（求菩提資料館収蔵）。

○諸人愛敬ノ守

○縁遠キ女ノ男ニ縁出来守

○離別ノ守

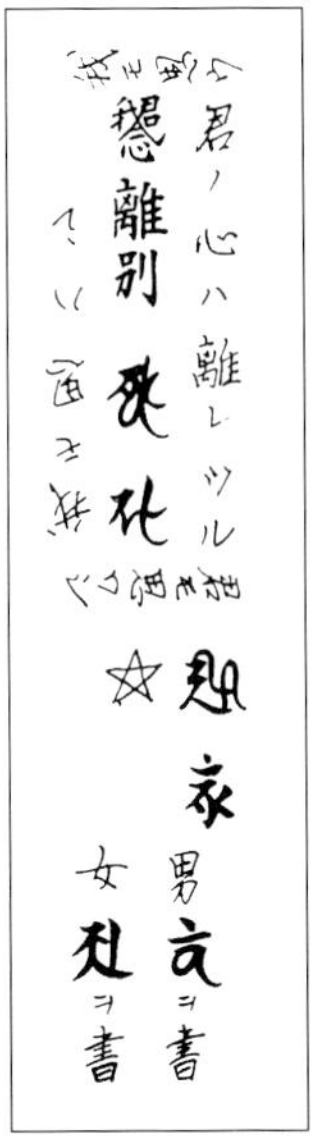

此ノ符ハ男ニテモ女ニテモ離別セント思トキノ符ナリ

○約束たがはさる符

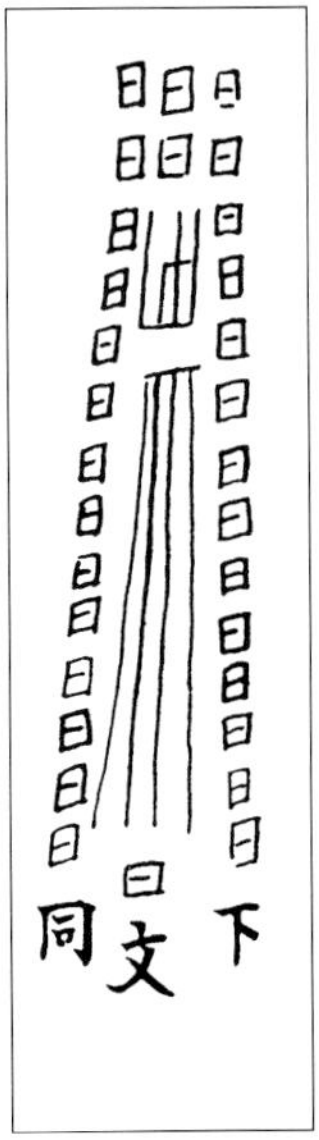

此、まもりふところに入れるべし

○安産符守

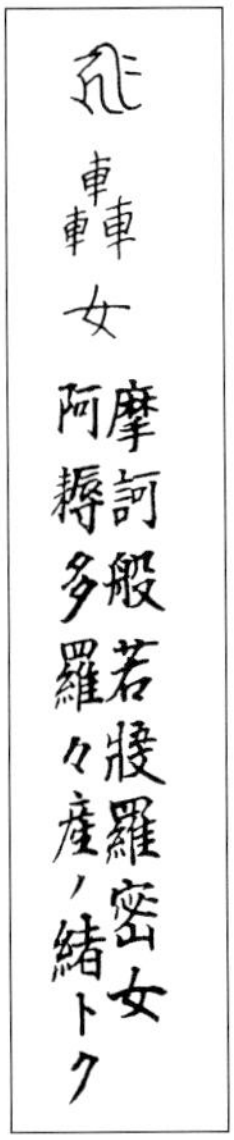


○疫病をはろふ符

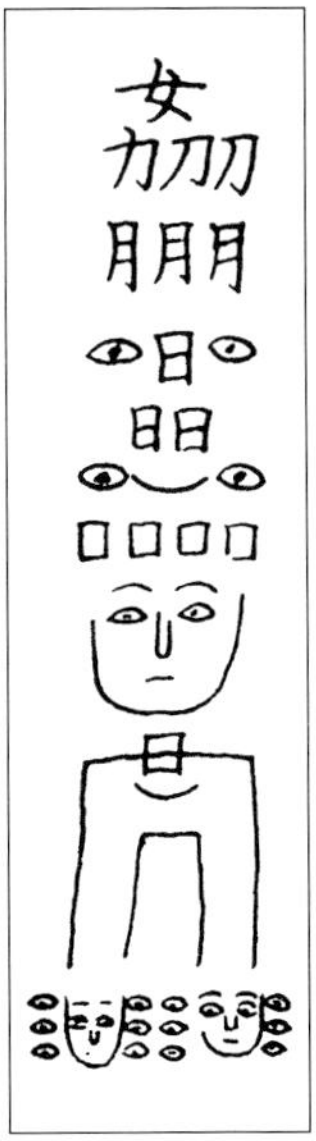

○雷ノ落札

此札ヲ門戸ニ押ハ落雷コトナシ

○男女中ヲ放符

このように、実に様々な符がある。護符を見て笑う人は、自分の感性が荒んでいる証ですぞ。ご用心ください。また護符のほか、飲んだりつけたりするものもあり、その処方が「医薬秘事秘伝」に記されている。

○「小便シゲキヲトムル傳」

ニワトリノハラワタ黒ヤキニシテ、ノメバ大妙薬

○「りんびょう薬名法」

かる石をすにつけ一どやきてわすにつけ七たびやき、七たびすにつけそのかる石をこまかにくだき、すきはらすきはらに七日のむなり

○「婦人はらまぬ薬」

柚のさねを黒焼にし、そば粉をまぜ丸め置き月の初めに呑めばはらむことなし、黒焼の仕様い、上カワラケに入同じカワラケにて蓋をなしむし焼くべし、月のさわり、とまりても是をのめば、くだるなり

○「喉の痛み」

みかんのさねを黒焼して水にてのみてよし

○「婦人密に房事を犯したること知れる方」

守宮《やもり》の血をとり女の身に何れの処になりも少し付けおくべし、入湯してもおちることなし、犯すは奇妙におちるなり、みだりに用うべからず

○「ほれ薬妙法」

ひるを数匹取、黒焼にして男れんぼのさきに付をこなへば、女人色もわきまへずこえを立ほれる事奇妙なり。まったくれんぼなえ申さず是はあまりきついほれようにて、つねに致さぬ事なり

さらに「生活秘事秘伝」には調理のコツ、しみ抜き、染色、縫い物の裁ち方、障子の張り方から御仏壇のすすぬき法などなど、まるで「おばあちゃんの知恵袋」である。恋患いや、逆に男（女）と別れたいとき、また子どもが欲しい人、欲しくない人、よからぬ病気に罹ったとき。誰にも相談できずに切羽つまった里人は、そっと山伏に耳打ちされた秘伝にすがったことだろう。

木製五鈷杵。本来は先端が五つに分かれている（国玉神社寄託・福岡県求菩提資料館蔵／写真提供＝重松敏美氏）

里人の生活のなかで山伏の出番は多く、護符や薬草を売り、加持祈禱でお祓いをしたり、易で占い、予言まですする。またお田植え行事で豊作を祈り、雨乞いの祈禱をし、外護摩で無病息災の火渡りを行うなど、庶民の生活に欠かせない存在であった。豊前では「やんぶしさん」と呼ばれ親しまれていた。

山伏らしいイメージは、何といっても手刀印で九字を切る「九字切り」である。

九字を切るとは、「臨《りん》、兵《ぴょう》、闘《とう》、者《しゃ》、皆《かい》、陣《じん》（陳）、烈《れつ》、在《ざい》、前《ぜん》」と真言を唱えながら、横・縦の順に手刀印を交互に切り邪を払う、護身術（法）である。辻々に立つとき、淵に入るとき、山や土のなかに入り外界と遮断して行を行うときはもちろん、祈念するときも「我不死身なり」と九字を切る破邪の法である。

さらに求菩提山には、「十字秘術」というものがある。「天、龍、虎、王、勝、行、命、鬼、水、散」の十個の文字を手の平に指で書くか、紙に書いて握ってゆけば「禍を除き、福を得る」という。

一方、当時の山伏は文化人であり、文化の伝達者でもあった。民衆は読み書きができない人が一般的で、旅へ出ることなど一生に一度もなかったころ、諸国を旅する山伏の話は唯一の情報源として待ち望まれていたにちがいない。嘘や誇張も交えておもしろおかしく話す山伏は、庶民の憧れでありヒーローだった。他国の出来事や流行、生活風土から民謡まで、現在のマスコミの役割を担い津々浦々に伝えていった。

修験から生まれた言葉もある。「ゴマの蝿」は「護摩の灰」からきた言葉で、高野山まで行くことのできない民衆が僧に護摩木を預け、その灰をいただいて祀っていたが、それを利用して高野聖の衣装をつけた者が、弘法大師の護摩の灰だと偽って売っていたことから、「騙して押し売りする」ことに転じてしまった。

「ホラを吹く」は、山伏の話が虚実ないまぜでおもしろおかしく、オーバーに話すことがまるで法螺を吹き鳴らすようだと、「大言壮語やでたらめを言う」となった。法螺貝は本来、音が遠くひびきわたることからお釈迦さまの説法にたとえられたという。お釈迦さまがお説法をするとき、弟子たちが皆に知らせるための、合図法螺として用いたものだ。

新参者のことを「駆け出し」というのも、山伏が修行を終えて山から出て来る「駆け出」からきている。

また芸達者で声のよい山伏は、神事で読み上げる祭文に節をつけ、見物人をひきつけて人気があった。それが祭文語りとなり大阪で流行ったので「浪花節」に、そして浪曲になった。華道の池坊は、六角堂（頂法寺）の供花《くげ》をしていた山伏が始めたものだという。供花行と呼ばれ、山内に花を供える修験道の心から生れたものだ。

時代劇などを観ていると、主人が出かけるときに背後から火打ち石を両肩に叩いて送り出す場面がある。これも山伏の護摩やご幣切りのとき、鉄と石を叩いて火をつける真似をする「火煙三昧法」からきている。

山伏が文化の伝達者であったという例を、思いつくままに紹介してみた。考えてみると山伏を媒体として伝わった生活の知恵や、あらゆる神も仏も敬うおおらかな宗教観など、いまも私たちの生活のなかに生き続けているような気がする。

現代では科学万能の神話の時代が崩れ、自然のもつ力や人間が本来もっている自然治癒力などが見直されはじめている。屋久島や知床の自然のなかに畏れを感じ、敬虔な気持ちになる人も少なくないはずだ。

「人間とは何か」。それを解く鍵が修験道にあるのではないかと思っている。自然と人間が共存し、自然から力をいただく。そのことを大切にしてきた山伏さんに、尽きない魅力を感じている。

# 求菩提山麓を歩く

▼千東信号から

椎田道路を豊前に抜け、国道一〇号線を宇佐・中津方向へ走ると「求菩提山↓」の標識のある豊前市千東《ちづか》信号に出る。案内に沿って県道三二号線へ。コンビニエンス・ストアのある曲がり角に「卜仙《ぼくせん》の郷《さと》まで13キロ」とある。県道をひたすら走れば求菩提山へ行き着くのだが、その道筋には見どころいっぱい。一つひとつ熱心に見ていると、その日のうちに山へ着かないことになるのでご用心！

如法寺から岩洞窟を含めた求菩提山全体は、平成十三年に国の史跡に指定されている。歴史も年代も関連なく、道筋に沿ってぶらりぶらりと歩いてみよう。

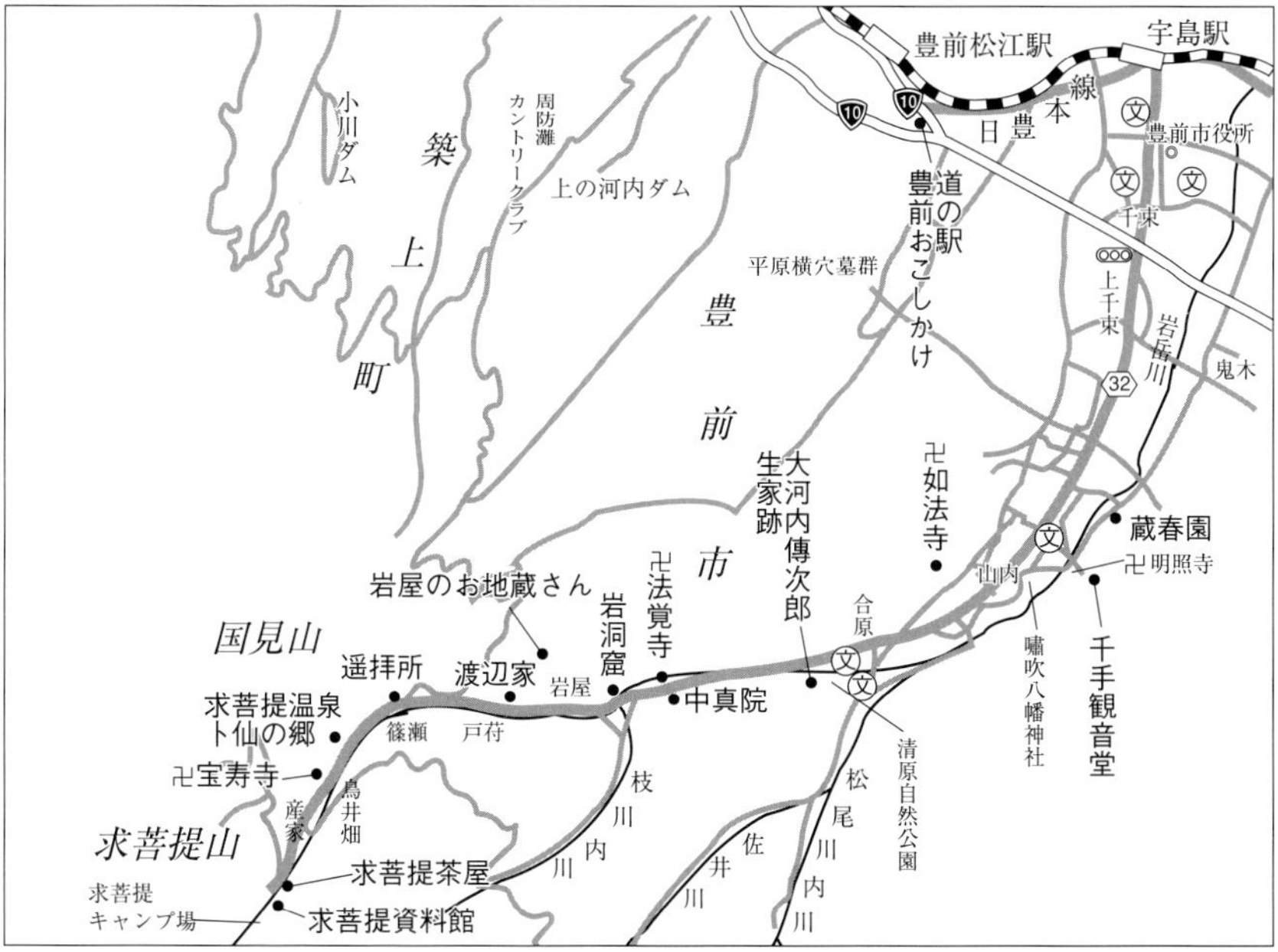

文政7（1824）年に恒遠醒窓が開いた私塾「蔵春園」

**▼蔵春園（豊前市薬師寺）**

鬼木《おにのき》と千手観音堂の間、薬師寺《やくしじ》という所に、低い石垣に囲まれた「蔵春園《ぞうしゅんえん》」（県指定史跡）がある。「鋭きも鈍きもともに捨てがたし、錐と鎚とに使いわけなば」の教育論で知られる江戸後期の儒学者・日田の広瀬淡窓の私塾「咸宜園《かんぎえん》」に学んだ恒遠醒窓《つねとおせいそう》は、文政七（一八二四）年、二十二歳のときふるさと豊前に戻り漢学私塾、蔵春園を開く。漢文・漢詩を読む文人を育てるというより、幕末の動乱期に、吉田松陰とも親交の深い勤皇僧月性《げっしょう》や、高杉晋作の奇兵隊に加わって挙兵した志士白石廉作など、新しい時代を動かす若者たちを輩出し、明治維新に影響を与えた。萩藩士の久坂玄瑞なども訪れている。

蔵春園とは、春になれば花が咲きやがて実ることから、可能性のある若者が集まり来るところという意が込められているという。明治二十八（一八九五）年まで門人約三〇〇〇名が学んだ。卒業資格などない私塾で、十四、五歳の若者が、自分のために納得するまで学ぶという自学自習であったが、教育の原点はこういうところにあるように思う。

「求渓舎《きゅうけいしゃ》」と呼ばれる書斎には、醒窓ほか関係者の書や教科書、今日の「生徒心得」である「告諭《こくゆ》」などが展示されている（市指定有形文化財）。門下生のひとり月性上人のよく知られる漢詩を紹介しよう。

男児立志出郷関　学若無成不復還
埋骨何期墳墓地　人間到処有青山

男児志を立てて郷関を出ず
学若し成る無くんばふたたび還らず
骨を埋むることいずくんぞ墳墓の地を期せんや
人間到る処に青山有り

蔵春園は居宅のため見学希望者は予約が必要。

▼千手観音堂（挟間《はざま》）

千束から県道三二号線を車で五、六分走ると左手に石燈が一対、その間を左折すれば一本道だ。岩の多い佐井川に架かる新観音橋を渡ると真正面に「千手観音堂」が見える。かつて岩屋山泉水寺があったという境内にあたる。

ここは平安のころ岩盤の窪みに寺が建ち、観音さまを祀っていた。しかし湿気が並ではないうえに落盤で屋根が傷み、廃寺になってしまったという。そしてご本尊の千手観音像だけが残され、風雨にさらされるままに放置されていた。いまも岩壁に棟木を支えた大穴や、無数の柱穴が寺の名残をとどめている。

千手観音堂の裏にある「乳の霊水」（撮影＝林川英昭氏）

この「木造千手観音立像」は高さ二・一一メートルの樟《くす》の一木造りである。民衆への伝導や社会事業を展開し、行基菩薩と称された奈良時代の僧、行基の作と伝えられているが、作風から見て平安後期のものではないかという。明治三十九（一九〇六）年に国宝に指定され、その後戦後の重要文化財保護法の改正により、昭和二十五（一九五〇）年に国の重要文化財に指定された。現在は岩壁前面の収蔵庫に安置されている。

修理される前は鼻が削ぎ落とされて「鼻欠け観音」と呼ばれていたと聞いた。たまたま蔵春園の案内パンフレット「豊前薬師寺村恒遠塾」をめくっていたら、つぎの一行が目に飛び込んだ。「塾生にいたずらするものがいて、よその柿やうりを盗んだり（中略）挟間の千手観音の鼻を塾生が欠いてしまったので、のちに修理した」とあるではないか。恒遠塾すなわち近くの蔵春園の塾生のことだ。若者のいたずらは今も昔も変

千手観音立像（千手観音保存会／写真提供＝重松敏美氏）

わらないんだ、とニンマリしてしまった。

　ところで、この観音さまにはお手がない。胸に合掌したお手だけで、印を結んだ手も脇手も見えない。千本の手と千の目で衆生のあらゆる苦しみを救う千手観音さまの手を、地元の人は「愛のお手」と呼んでいる。そのお手を撫でたり、患部に当てて治癒などを願うと叶えられるといわれていたようだ。これまで幾万の人たちに撫でられすぎて、ついにお手はなくなってしまったのだろうか。光背にも五十八カ所のお手があった痕跡が残っている。お堂のなかには、脇手の一つであったと思われるお手が一つ残されており、台の上にその腕だけが鎮座している。撫でさすられ摩耗しないように、傍らには銅でできた代わりのお手があり、現在訪れた人は、その代わりのお手を撫でているようだ。

　観音さまといえば、瓔珞《ようらく》という古代インドのアクセサリーや、衣服などで飾った姿を思うが、ここの千手観音は無駄を削り落としたお姿で、清冽でシンプルな気品がある。ふとイギリスの詩人オスカー・ワイルドの「しあわせな王子」の童話と重なった。貧しい町の人たちに、体にちりばめたルビーやサファイヤ、金箔を剥がして与える王子像と、それを手伝うつばめの物語だ。人々を助けるために命を捧げた王子と、人々の願いをかなえるためにお手を失った観音さまの姿は、清々しさに満ちて見る人のこころを打つだろう。合掌。

　背後にある岩壁の乳房のようにふくらんだ天井から、霊水が絶え間なくしたたり落ちているのが「乳の霊水」（市指定天然記念物）だ。水音が涼しげに岩を打ち、緑は濡れてかがやき、どこかでカエルが合唱している。しばし俗世の喧騒を忘れ、ほてった煩悩を鎮めてくれる。

その昔、百姓夫婦に赤ん坊が生まれたが乳の出が悪く、赤ん坊はお腹を空かせて夜泣きがつづいた。夫婦は夜眠ることができず、つい昼寝をしてしまう。そのとき夢に観音さまが現れ、「この水で粥を炊いて食べれば乳が出る」とお告げがあった。さっそく岩から流れる水で炊いた粥を食べると、お乳が出るようになった。夫婦はそのお礼に千手観音を祀り堂守になって一生を過ごした、という言い伝えがある。このことから、

平安時代の作といわれる木造不動明王座像（千手観音保存会／写真提供＝重松敏美氏）

この千手観音は「乳の観音」とも呼ばれている。

泉水寺はかつて求菩提六峰の一つ松尾山の末寺で、修験道と縁が深い。粉ミルクなどのない時代、飲めば乳が出るという水は、どんなにか当時の女性の苦しみを救ったことだろう。山伏も霊験あらたかな水と言って、悩める女性に授けていたに違いない。どんな日照りにも水は渇れることはなく、水質も癖がなくまろやかで、この水を汲みに来る人が跡を絶たない。ぜひ霊水を味わい、容器があれば散策の道づれにしてはいかが。

境内にはもう一軀「木造不動明王座像」（市指定有形文化財）がある。樟材で高さ一・四四メートル。千手観音と同じ平安時代のものという。

霊水の落ちる岩盤の上に「天狗岩」がある。大人四、五人が乗れる大きな岩で、かつて山伏が雨乞いの行事「天狗拍子」を行っていたところという。地元では天狗岩を蹴った小学生が病気になったとか、女の子が乗ると災いがあるとか、聖域として語り継がれているようだ。

また、境内には「いぼ地蔵」が祀られている。いま

こそ少なくなったが、私が子どものころは手の甲などによくいぼができていた。いぼ地蔵を削った粉をいぼにつければ治ると信じられ、目鼻もわからぬくらいに削られてお顔が歪んでいる。身を挺して救うとはこのことだろうと、その姿に胸が熱くなった。

水音で爽やかになった目線に、

求菩提山はるかに見えて浄仏の誓ひをやどす山波のすそ　秀實

の句碑が建つ。画家・吉田達磨《たつまろ》が大谷大学の恩師小笠原秀實を偲んで建立したものだ。明治四十三（一九一〇）年に挾間の明照寺に生まれた達磨は、十八歳で美術を始めるが招集され、昭和二十年、戦地で左手を失う。戦後、残された右手一本で牡丹や椿、仏画をたくさん描いた。豊前をこよなく愛し、亡くなるまで挾間で描きつづけた画家だった。

毎月十七日の観音さまの日には、十時から十六時まで千手観音の拝観ができる。この日以外に拝観希望の方は豊前市の社会教育課に連絡を。

### ▼常在山如法禅寺（山内）

「求菩提への道は如法寺《ねほうじ》に始まる」といわれ、かつては求菩提六峰の一つで、北東の鬼門封じの寺として配されていた。仏教では写経のことを「如法経《にょほうきょう》」ということから、この寺は「如法寺」とつけられたらしく、求菩提の写経堂の役割をしていた。写経で鬼門を封じていたといえよう。求菩提山や英彦山の「銅板法華経」（国宝）はこの寺で刻まれたといわれており、その執筆者のひとり、円城房厳尊の寺である。厳尊は求菩提山を再興した頼厳の弟子、六哲のひとりである。

山内信号を右に折れて民家を抜けると、T字路の正面に如法寺への細い道が山手へ伸びている。駐車場に車を置き、畑と山の緑の道を一歩一歩登って行く。坂道はけっこうきついが、これぞお寺参りとむしろさわやかな気分だ。左の山ぎわに数体の石塔が並んでおり、かすかに水音がすると、思わず背筋を正してしまうから不思議だ。右手のこんもり茂った山には、鎌倉・室町時代の土窟《どくつ》が三十窟ほど発見されている。土窟は修行窟ではなく、供養のために使われていた供養窟のようだ。なかに五〇センチ角の柱杖をのこした、国内でも例をみない大変貴重なものだという。

坂道で少し息があがってきたころ、山門に着いた。自然石を並べた石段は、端正な雰囲気をかもして好ましい。山門にはいつも縁台にお茶とお菓子の用意がしてあり、お寺のお接待を頂戴して一息入れると心が落ち着いてくる。

江戸後期の古い山門の両脇には、「木造金剛力士立像」（県指定有形文化財）が阿吽の形相で寺を護っている。平安後期の作というこの仁王は、阿形が高さ二・八メートル、吽形は高さ二・七七メートル。威嚇《いかく》の恐い顔だが体の線はなだらかで、どことなく優しさが漂っている。

如法寺山門の仁王像（撮影＝林川英昭氏）

宝永四（一七〇七）年の修復のときに裸足の仁王に沓を履かせたとかで「木沓を履いた仁王さん」と珍重されている。地元の人たちからは「仁王さん」と親しまれ、檀家の少ない寺を守りつづけているのだ。つい最近まで、子どもたちを仁王の股にくぐらせて健康を祈ったり、ちり紙などに唾液を含ませて仁王さんに投げていたという。これは、かつて天然痘が流行したときに、口に含んだちり紙を仁王さんに投げつけ、そのちり紙が仁王さんにくっついたら天然痘にかからない、または天然痘が治ると信じられたことから、このあたりの風習になったという。現在ではさすがに仁王さんの足下にちり紙は落ちていない。
山門に立つと、本堂のご本尊「如意輪観音像」（市指定有形文化財）が視線に入る。片膝を立て物思う風情がなまめかしく、私の大好きな観音さまだ。如意輪観音は、一切衆生の願望を満たし苦から救うとされている。本堂はいつも開放されているが、庫裡に声をかけると資料を下さり説明をしていただくこともできる。

本堂横には「写経水」（市指定天然記念物）がある。写経の寺であるこの如法寺では、この水を使って墨をすり経文を書いていたのだ。どんな早魃にも水は涸れたことがなく、いまでも正月になると書道家が初水を汲みにくると聞いた。

如法寺の夏の風物詩に、七月の蓮の花まつりがある。蓮に負けない立派な鉢から何十もの蓮が庭園に並ぶ様は壮観だ。そこからさらに山道を進むと、昔、戦で矢の代わりに使ったという細い矢竹が茂っていた。

かつて宇都宮氏の菩提寺だった如法寺の、波乱の歴史がよみがえってくる。初代宇都宮信房は豊前に入国し、まず三男信政を如法寺の座主に入れ、じわじわと山伏を支配してゆき、求菩提山とも領土争いを繰り返している。

見上げる先に、木々に囲まれて「宇都宮信房・盛綱両公古墳地」の大きな供養碑が建ち、領主を護り従うように無数の石塔が取り囲んでいた。寺が天正の兵火で焼打ちされたあと一〇〇年以上も放置された石塔は、壊れて散逸し、多くは畑の土留めに使われていたという。それらを一つひとつ拾い集めて組合せ、ようよう二百数十基ほどもとの姿に戻し、ここに集められたのが「如法寺の石塔群」（県指定文化財）である。

本堂に戻り裏手の階段を登ると、「不動堂」だ。椎の白い花びらがお清めをしているように散り敷いて美しい。かつて「宝地院」があったところで、如法寺の

上・如法寺の本尊「如意輪観音像」
下・この水で墨をすり写経したといわれる「写経水」

中心だったという。残された礎石を見てもその大きさが想像できる。宝地院の不動明王は天正の兵火で黒コゲになった。「みにくい姿を人に見せないでくれ」と不動明王が夢枕に立ったので、黒コゲになった「焼《やき》不動」をかくすように不動堂をつくり、横に「身代わり不動」（江戸作）を安置した。以来焼けた不動明王は秘仏となって誰の目にもふれることはない。その代わりに焼不動は里を火事から守っているという。

焼不動を見た者は火事に見舞われるか高熱を発すると言い伝えられ、現にそういったことを見聞きしたとかで、地元の人たちに怖れられていた。

焼不動は山門の金剛力士像と同じ平安後期の作ではないかと推測される。古い記録に「生木手刻不動之霊軀三尺」とあり、立木仏《たちきぶつ》ではないかと言われている。

不動堂の裏に鏡池。橋を渡ると右手奥の斜面に、日本六十余州の霊山の石を山の壁面に並べ祀った「石《せき》龕《がん》」がある。このような石龕は、かつて求菩提の鬼の磴《とう》の石段の両脇にもあり、山伏は毎日霊山の石の一つ

上・如法寺山門（撮影＝林川英昭氏）
中・「焼不動」を隠すように建てられた不動堂
下・日本六十余州の霊山の石を並べた「石龕」

一つに起居礼をしながら、国玉神社上宮へ登っていた。修験道の厳しい修行の一つである。

そこから裏手にある、白山権現へ行くには一〇八つの階段があり、一段一段煩悩を払いながら登らなければならない。伝承では行基が開いたと伝えられているが、『求菩提山縁起』には「行善和尚、小白山若宮一佐羅王子を祀る」とある。白山権現の小さなお社には小笠原忠真公の寄進である印の、三階菱の家紋が刻まれている。江戸期になると山は領主の庇護をうけ領主専用の祈願所や祈禱所と化した印でもある。山頂には護摩場跡があり、求菩提修験の秋峰の金剛界護摩所となっていた。如法寺を宿としていたようだ。

如法寺は小規模ながら修験の一山《いっさん》を構成し、求菩提山を護ると同時に修験の世界へ入る第一の関所となっていた。天正の兵火で焼き打ちされたまま、一〇〇年余の放置の後、江戸時代に黄檗宗《おうばくしゅう》の寺院として再興されて如法禅寺となり、現在に至っている。

上・如法寺の石塔群（写真提供＝重松敏美氏）
下・白山権現上宮

**▼剣豪スター・大河内傳次郎生誕地（大河内）**

県道右手の山ぎわを流れていた岩岳川が、道路の左にかわり大河内《おおかわち》地区に入ると、「ようこそ秘境の里・求菩提山へ」と天狗の人形が出迎えてくれる。

地名の大河内と聞いたとき、スクリーンの剣豪・大河内傳次郎を思い浮べるのは、五、六十代以上の人だろうか。その地が傳次郎の生誕地と知ったとき、「ヘエー」と驚いたが、すぐに納得した。当たり役だった丹下左膳の「シェイは丹下、名はシャジェン」の独特のセリフまわしは、豊前の訛りだったのだ。

河川公園横の桜渡橋を渡ると左奥に大河内傳次郎生家跡がある。説明板によると、明治三十一（一八九八）年三月五日生まれ。本名・大辺男《おおべますお》。大辺家の先祖は蘭方医で、母は中津奥平藩漢学者・大久保遥の四女。傳次郎は岩岳川で泳ぎ、チャンバラごっこが大好きな少年だったという。大正二（一九一三）年に二兄の住む大阪へ出て、新国劇の澤田正二郎にあこがれて堺の民衆劇学校に入る。同十五年に日活に入り、ふるさとの地名をとって「大河内傳次郎」と芸名をつける。「忠次旅日記」でスターに、「丹下左膳」でトップスターに。昭和三十七（一九六二）年七月十八日没、享年六十四歳。

先日、本屋で何気なく『おいしい人間』（高峰秀子著、文藝春秋社刊）を買い求めた。偶然にもトップに、傳次郎との交流が紹介されていた。傳次郎は業界で「奇人変人」と言われた人らしいが、「小柄でズングリ、短足で、太い黒縁の近眼鏡。スクリーンで見る精悍さや迫力などケも感じられない『モッサリしたおじさん』」で、「威張らず、驕らず、ごく自然体な人」「大人の風格と毅然とした生きかた」など、高峰秀子さんは傳次郎の人となりを語っていた。

映画のチャンバラとはいえ、竹光をきらい本身《ほんみ》にこだわった。いいかげんやみせかけを許さない、実直な人柄ではなかったのか。映画界の御大とはいえ低迷の時期もあり、求菩提山に入って座禅を組んでいたという話も聞く。

生家跡には「広葉杉《こうようざん》」（県指定天然記念物）が二五メートルの長身に枝を張り、背筋を伸ばして立っている。まるで孤高の人、大河内傳次郎のようだった。

**▼巌石山法覚寺（大河内）**

大河内原バス停の背後に広がる田圃に「道の駅『おこしかけ』契約栽培ほ場」の看板が見える。朝夕の寒暖の差が激しく、水のきれいな豊前の米はおいしいのだ。地元の農産物を育て販売する、ふるさとと密着の

宇都宮氏ゆかりの寺、法覚寺

「道の駅・おこしかけ」は地域活性化のリーダーとして元気だ。田圃にはカブトエビが泳ぎ、瑞穂の国を寿いでいるようだった。ちなみに「おこしかけ」とは、その昔、神功皇后が豊前路を巡幸したとき、石に腰掛けて休憩された所から「御腰掛」の地名になって残っている。

そのほ場から少し行くと、右手の山ぎわに赤茶色の法覚寺の山門が見える。明応六（一四九七）年の開基。初代宇都宮信房の弟政房が山田城の城主となり、その後壱岐守景長に引き継がれるが、その子孫が出家して法覚寺を建立。ここにも宇都宮氏との縁が残っている。

寺と山の間を岩岳川が流れ、少し下流に鬼が作ったという「長淵」があるが、この長淵には、つぎのような言い伝えがある。

村人を苦しめていた鬼に求菩提の権現さんは、朝までに大河内から求菩提山の麓まで淵を掘ることができたら、村人を食べてもよい、しかしできなかったときには村から出て行くように約束をとりつけた。ところが、夜が明ける前に権現さんは鶏の鳴きまねで騙し、鬼を追っ払ったのだ。あわてて逃げ出した鬼は大きな樟にぶつかって死んでしまったという。その鬼の頭を埋めた所が椎田の浜の「鬼塚」といわれるところである。鬼がぶつかったといわれる樟は「鬼木《おんのき》」と言われ、そのときにできたといわれる瘤《こぶ》は「鬼の面」と村人から呼ばれている。このことから、この大きな瘤をかかえた鬼の木がある地を「鬼木《おにのき》」と呼ぶようになったという。

また、寺の背後の山の上にも、鬼にまつわる「割れ石」がある。求菩提の権現さんは村人に悪さをする鬼に大きな石を持たせ、一晩のうちに宇島海岸まで運んで捨ててくれればよし。できなければ村から出て行けと

上・岩洞窟の「飛天」　下・岩洞窟

命じた。ところが鬼の勢いに心配した権現さんは、これまた夜明け前に鶏の鳴きまねをした。落胆した鬼は石を投げ捨て、真っ二つに割れたという。

私は鬼の伝説を聞くたびに、なぜか鬼の哀しさ無念さに同情してしまい、憎む気になれない。

岩岳川に沿った山なみは、如法寺までつづいているという。地元の人は「ウトロの山」「ウトの山」と敬意をこめて呼んでいた。このあたりでは「ウトロ」とは洞窟を指すらしい。窟は神が住む神聖な場所とされ、地元の人は「ウトロゴゼン」とか、訛って「オトンゴゼ」と呼んでいる。ウトロの山には「岩洞窟」をはじめ洞窟の数は多い。ウトロゴゼンとは、「静御前」のように女性の敬称とばかり思っていたが、洞窟のおんまえ（御前）の意だと知った。

法覚寺の裏には墓窟がある。二十数個の穴が掘られ室町ごろの墓という。

### ▼中真院—阿弥陀堂（大河内）

法覚寺と県道をはさんで、茶畑と一本杉の根元にたくさんの石塔に囲まれた小さなお堂がある。地元の人たちから「阿弥陀堂」とか、かつての地名をとって「紙屋堂」など呼ばれている「中《ちゅう》真《しん》院《いん》」である。挾間の千手観音を彫った行基が刻んで安置したという阿弥陀仏は、いまはない。
説明板を読むと宇佐弥勒寺の分院として、七堂伽藍を具備した大きなお寺であったという。寺領は岩屋地区の半分を占めていたと伝えられるが、天正の兵火で焼き打ちされてしまった。

▼岩洞窟（岩屋）

蛇行する岩岳川の流れが道を左に横切ると、岩屋地区に入る。元は狗《いん》（犬）ヶ岩屋《げいわや》という。ウトロの山の中腹に岩洞窟があるのだが、季節によっては樹木が生い茂ってかくされていることがある。道路整備をする前は岩屋橋を渡るとすぐ山道に入り、岩洞窟へ行くことができたという。登り口にはかつて夫婦岩があったというが、現在では残っていない。岩洞窟の真下に登り道ができて、今ではそこから行けるようになっている。

「岩洞窟」（国指定史跡）は岩山の大きな自然窟に薬師如来を祀り、神聖な場所として祈願の場になっていた。この岩洞窟は何といっても天井の「飛天」の半肉彫りの絵画で知られている。軽やかに衣の裾を風になびかせて、岩窟に舞い降りる天女。訪れる人をやわらかく包み、天界へといざなってくれるようだ。

地元の人たちは「イワンドウの天女さま」と呼び親しんでいる。このあたりでは毎年五月八日に地域の人たちがこの岩洞窟に集まり、花まつりが行われている。

いつの時代の建立か定かではないが、古くは大同三（八〇八）年と刻んだ石塔があり、壁ぎわに宝塔・五輪塔・石仏が並び、平安時代の仏像も五体ある。昔、麓に寺があって、岩洞窟は奥の院ではなかったかという説もあるようだ。

『築上郡史』（築上郡史編纂委員編、福岡県築上・豊前市教育振興会）に「此のところは景行天皇の御代耳垂れが住んでいた」とある。狗ヶ岩屋の「狗」とは卑しい人、劣る人の意味もあり、土蜘蛛や耳垂れと呼ばれる辺境の民が住んでいた場所ではなかったろうか。

ここのお堂の木札に「薬師如来堂建立　中興渡辺惣九郎直竹　安政元（一八五四）年四月」と記されている渡辺家は、いまも岩屋に子孫が健在である。

▼岩屋のお地蔵さん（岩屋）

高く伸びた椋の木が枝を広げ、県道に木陰を落としていた。むき出しの根っ子が大地を踏んで立ち上っている。その根かたに地元の人から「お地蔵さん」と親しまれている小さな社がある。建物は風雨に耐えた歳月を感じさせるが、正面に描かれた波の文様が昔日の色彩をかすかにとどめ、何かしら曰く有りげな威厳をかもしている。

　地蔵堂のなかには寛永二（一六二五）年に奉納された「木造地蔵菩薩座像」（市指定有形文化財）が祀られている。樟の一木造りで、仏師和泉守吉次の作。高さ六五センチのお地蔵さんはふっくらとして、いまにも語りかけそうな表情をしている。吉次は求菩提山の「役行者像」を彫った仏師でもある。座像の背面に「上毛郡狗ヶ岩屋」と記されており、ここの地名が記録されている一番古いものとして貴重な史料になっているという。このことから、この地蔵堂の裏山の岩洞窟を「狗ヶ岩屋」と呼んでいたのではないかと言われている。

上・仏師和泉守吉次の作「木造地蔵菩薩座像」。背面に「和泉守」と墨書されている
下・吉次が彫った求菩提山の「役行者像」（国玉神社寄託・福岡県求菩提資料館蔵）

## ▼渡辺家と佐々木小次郎（岩屋）

　中畑のバス停から白壁の長い塀が見える。「元四野瀬《しのせ》城《じょう》下屋敷跡」であり、岩洞窟の木札にあった渡辺惣九郎の本家である。先祖は宇都宮信房の家臣で、大阪の渡辺水軍を率いた渡辺勝徳。信房の豊前下向に従い、寒田《さわだ》

篠瀬の遥拝所から望む求菩提山が正面とされている

（築上郡築上町）の溝野口城主になった人物である。惣九郎は四野瀬城主の末孫で現当主の曾々祖父にあたり、大庄屋であったという。

最近、鹿児島のある郷土史家が「佐々木小次郎は豊前の人」という説を打ち出して、地元の人を驚かせた。

天正十七（一五八九）年に宇都宮鎮房が中津城で殺され、お供した渡辺右京も討死。右京の妻は男子二人をつれて、ここ中畑の下屋敷に逃れてきた。その後、兄新三郎は慶長九（一六〇四）年に家を出たまま行方知れず、弟新九郎は渡辺家を護る、と記録にある。その出奔した新三郎が小次郎という説なのだ。巌流は岩岳川の岩（巌）、小次郎は求菩提の天狗の総称である「次郎坊天狗」から命名したという。しかし、渡辺がどうして佐々木になったのか、出奔して武蔵と闘うまでのいきさつが解明されていないので、少々説得力に欠ける。

ともあれ武蔵に比べて小次郎は謎の人物で、各地に小次郎生誕地説がある。豊前も新たに加わって「ご当地邪馬台国」のように、ロマンを追うのも楽しいかもしれない。

### ▼火の浦（篠瀬）

岩屋地区を過ぎると山は県道に迫り、積み上げた石垣が畑と道を隔てている。土留めの途切れたところを「火の浦」という。右手斜面に墓が点在し、教育委員会の説明板が見える。

求菩提山の常香堂には、平安時代から絶やすことのなかった灯明があり、それがもし消えたときは、聖護院に火種をもらいに行っていた。しかしある年、求菩提山と聖護院で同時に灯明が消えてしまった。聖護院は求菩提山から火種をもらおうと使者を出し、また求菩提山も聖護院からもらおうと出立したが、双方の使者がこの地で行き合い、どちらの火種も消えていたこ

鳥井畑から望む冬の求菩提山（撮影＝林川英昭氏）

とを知った。さてどうしたものかと歎いていると、突然天から火種が降ってきて松明に火がついた。それを両山に持ち帰ったところからこの地を「火の浦」と呼ぶようになったという。この伝説は、常香堂の灯明がどんなに大切なものだったかを物語っている。

火の浦は、求菩提山護国寺寺域の四至結界の一つを示す重要なところだった。所領の東西南北の境界を石や杭で標示することを四至傍示というが、永享年間（一四二九―一四四〇）の大内氏による「求菩提山四至傍示状」では、東は斗部《とぶ》（現戸符）火の浦、西は鉾《ほこ》立《たて》（築上町）、南は犬ケ岳、北は国見山となっている。四至には石塔が建立されていた。

しかし、時代とともに寺域は減少し、明治を境に、歴史を刻む地は杉木立の陰に忘れ去られてしまった。

**▼遥拝所跡（篠瀬）**

赤い篠瀬《しのせ》橋の中央に「求菩提遥拝所跡・渡辺庄屋跡」の看板が立つ。渡辺庄屋とは、四野瀬城主の末孫、惣九郎のことである。橋の上に立つとまるで額縁におさまった絵画のように求菩提山の全容を見わたせる。

岩岳川の石の多い流れの彼方に、人を寄せつけない神秘な姿で立ちはだかっている。

この遥拝所から求菩提山を正対して見た所がその正面で、八合目に国玉神社中宮（護国寺）、鬼神社、社務所、お旅所（浮殿）など主要な堂社が集まっている。南面は急な谷をつくり、溶岩の断層が荒々しい顔を見せる。七合目付近に出っ張ったところがあるが、そこに五窟があり、里を睥睨《へいげい》しているようだ。

遥拝所まで来ると「ああ、やっとお山に着いた」という懐かしさと安堵が湧きあがり、あと一息と元気が出て足を軽くする。春には万物の命が萌え、冬は雪に埋もれて人を寄せつけず、四季折々に姿を変える山。昔の人は死霊の行く神秘な山を遠くから眺め、敬虔な気持ちで手を合わせ祈っていたにちがいない。

**▼求菩提温泉「卜仙の郷」と東の大鳥居跡（篠瀬・鳥井畑）**

求菩提温泉「卜仙《ぼくせん》の郷《さと》」の東側の県道に、かつて求菩提山の第一の鳥居（東の大鳥居）があった。現在、県道の両脇に狛犬やいくつかの石塔、「求菩提山」と読める壊れた鳥居の額などが残っている。鳥居跡をすぎると地名も篠瀬から鳥井畑にかわるが、もとは「鳥居畑」である。坊から見つかった明和三（一七六六）年の「豊前求菩提山絵図」に「大鳥居より上宮まで一里八町（五キロ）、坊中五百坊ノ所」とあるが、その大鳥居があったのが、ここである。

この鳥居は昭和三十二（一九五七）年のバス道路改修のとき、国玉神社中宮へ向かう八合目に移転された。ちなみに西の大鳥居は築上町寒田で、西の登山口の毘沙門天窟近くにあったという。

平成八（一九九六）年、閉校になった郷山小学校跡に温泉を掘り、十一年一月に「卜仙の郷」がオープンした。温泉の質はアルカリ性単純温泉で、体のコリをほぐし疲労回復に効くと湯治客も多い。薬草湯もあり、湯上がり肌のすべすべ感がたまらない。

「卜仙の郷」は求菩提山の開祖といわれる猛覚魔卜仙にちなんで命名された。温泉・宿泊・レストランなど備えた施設として人気を集め、グループや家族連れで賑わっている。

ロビーにはヤマザクラに囲まれた往時の東の大鳥居

かつて求菩提山の東の大鳥居があった名残り、県道をはさんで狛犬や石塔が並ぶ

の写真や、上八丁口径の八十八石仏にお参りしている写真が展示してある。前庭には鳥居があったころのヤマザクラが一本残り、いまも美しい花を咲かせて訪れた人を楽しませている。

### ▼放光山宝寿寺の成長石と念仏巌（鳥井畑）

「卜仙の郷」の西隣、求菩提山「登山口」バス停の後方に宝寿寺の山門が見える。かつて求菩提山の安静寺がいつのころかこの地に降り、宝寿寺と寺号を変え、求菩提山の方を向いて寺が建てられたという。山号の放光山は、求菩提山が火を噴く山だったことに由来している。

　本堂左横に「念仏巌」という大石が、大地に根を下ろしたように鎮座している。昔、寺の裏山から落ちてきた石だそうだ。天台宗だった住職が加持祈禱をすると動いたとされるこの大石だが、浄土真宗の旅の僧が南無阿弥陀仏を唱え三度撫でると、その後住職が何度加持祈禱をしても動かなくなったそうだ。それからのち寺は浄土真宗に改宗したと伝えられる。

　また裏山には、「成長石」がある。その昔、この寺の住職が椎田の綱敷天満宮に参詣したその帰り、山内あたりにくると草履の踵に小石が挟まった。取り除いても、また挟まる。不思議に思った住職は何かの縁と寺に持ち帰った。現住職の話では、小学生のころその小石は砥石の半分くらいの大きさに成長していたらしく、裏の心字池の平たい石の上にあったことを覚えているという。大きくなった石を見て驚いた先代は裏山に祠をつくり、そのなかにお祀りをした。

　鐘つき堂から斜面を登った目線の位置に祠の扉が見

え、なかに縦長い石が祀られていた。高さ三〇—四〇センチ、横一五—二〇センチで上部が細くなっている。現住職の年齢から考えても、七十年ほどの間に何十倍も成長していることになる。

この石との出合いが綱敷天満宮の帰りだったことから、天神さまがついて来られたと考えたのか、毎年七月二十五日には天神さまを祀り、里人が集まっておこわを炊き「おつうや」の講が行われている。

成長石の話は全国にある。袂に入れて持ち帰ったので「袂石」と呼ばれるもの。小石が集まりくっついて大きくなる「子持ち石」など。往古の人は石にも生命があると考えていたのだ。宝寿寺に似た話は、鹿児島の石神家にも伝わっている。主君に従って朝鮮出兵に行く途中、草鞋の間に小石が挟まり何度棄てても同じ石が挟まるので、不思議に思って持ち帰ったところ、ついに大岩になり、石神社のご神体として祀られたという。

上・宝寿寺
中・宝寿寺が改宗するきっかけになったとされる「念仏巌」
下・70年の間に何十倍も成長したといわれる「成長石」

### ▼多聞窟のご神体（求菩提）

遥拝所を過ぎると山間の地形は険しくなり、山は右に左にぐんぐん近づいてきた。棚田が幾重にも重なって山に這い、先人の苦労がしのばれてくる。遥拝所から三、四分で公共駐車場に着く。求菩提資料館へ行く岩岳川の一の渡しの袂に建つ、大岩を抱え込んだ「求菩提茶屋」を見て、誰もが足を止めるだろう。

大正の初めに五窟の一つ、多聞窟の突起部分が崩れて、落ちてきたものだ。大岩は山の木々をなぎ倒し、地響きをとどろかせて落下してきたという。幸い下に人家もなくけが人は出なかったが、「恐ろしかったよ」と付近の古老が話していた。落下した大岩は被害も出さず川岸に止まり、いまはご神体として茶屋のなかに祀られて、衆生とともに現代を生きているようだ。

犬ケ岳の篠《すず》の尾を源とする岩岳川は「沓川」とか「大川」と呼ばれていたが、明治以降に求菩提山が岩嶽山と改名したときに現川名になった。

崩れ落ちてきた多聞窟のご神体の一部を抱え込んだ「求菩提茶屋」

### ▼うさ、らか、ひこ、くぼ

求菩提山の麓、公共駐車場入り口のカラス天狗の足元に、「うさ、らか、ひこ、求菩　よくお詣り下さいました」と書かれた小さな丸木がある。「うさ」は宇佐神宮、「らか」は耶馬渓の羅漢寺、「ひこ」は英彦山、「くぼ」は求菩提のことで、豊前の国の代表的な社寺である。

昔から地元にはこんな話が伝わっている。死んだあと閻魔大王のところへ行くとまず「うさらかひこくぼへ詣ったか」と聞かれる。「詣りました」と言えば極楽行きだが、詣っていない者は即刻地獄へ落とされるというのだ。

求菩提山の修験に関する貴重な史料が揃う福岡県求菩提資料館（撮影＝林川英昭氏）

古くから四つの寺社詣りをする信仰があったのだろう。もしあなたが極楽行きを望むなら、残りの三社寺へお詣りしましょう。

▼福岡県求菩提資料館（鳥井畑）

求菩提山の東側、岩岳川を渡ると竜門谷へ通じる高台に白い建物が見える。平安時代から修験道場として栄えた求菩提山の貴重な史料が展示されている「福岡県求菩提資料館」だ。国宝「銅板法華経」（レプリカ）をはじめ、神仏像、法具、祭具、生活用具、護符や古文書など、二〇〇〇点以上の資料を収蔵している、全国的にも珍しい修験道に関する資料館だ。

資料館建設のきっかけとなったのは、昭和四十（一九六五）年に、求菩提資料館初代館長重松敏美氏を中心に、京都国立博物館に収蔵されていた「銅板法華経」の返還署名運動に取り組んだことだった。署名集めと並行して、返還されたあとの「奉納庫」の建設を願い出た。市から県へ、さらに国へ、地元に資料保存の重要性を訴えて陳情を続けた。関係者の熱意がみのり、調査が始まった。昭和四十九年に奉納庫が完成し県立資料館を開館。同五十年に国の第一回文化財愛護キャンペーンのモデル地区に選ばれ、発掘調査が行われた。それをきっかけに「豊前市自然と文化財を守る会」を設立。同五十五（一九八〇）年「日本山岳修験学会」が豊前市でスタートし、いまや全国規模となっている。修験道への研究も関心も高まっているが、修験道のみの資料館は全国でもほかに例をみない。

「銅板法華経」は京都から福岡に返還され九州歴史資料館に、そして現在は九州国立博物館が所蔵し、筥と銅板八枚が常設展示されている。

# 構門から上宮まで

### ▼構の石門

公共駐車場に沿って登って行くと、左に「求菩提山へ」と大きな赤い矢印の案内板があり、左折。細い山道を登る。曲りくねった道は杉木立の木洩れ日にゆれ、一歩一歩敬虔な気持ちになってくる。

五合目あたりに石の門柱が二本、道の両脇にぽつんと立っている。門柱に「護王鎮国」「攘災安民」の文字が見える。この構の石門は七重結界のちょうど中間で、いよいよ修験道場の領域に入る。もとは八角の木の黒門があったという。七重結界は、七つの結界を作って俗世間からたち切りながら、霊域へと入って行く扉である。

求菩提山霊域の結界は七重あり、遠くから六峰、四至、第一の鳥居（東の大鳥居）、そして構、さらに楼門、第二、第三の鳥居とあり、それでもまだ不安なのか、あちこちに結界石を置いている。第二の鳥居は鬼の石段登り口にあり、第三の鳥居は上宮の前にあったという。この構の内から七合目にかけて山伏集落の六谷（近世になって七谷）がある。

山伏はこの構から内を「胎内」とみたて、山へ入って俗世の諸々の穢れや雑念を払い、生まれ変わることを願って修行に励んだ。

求菩提山七重結界のうちの４番目の結界、構の石門（撮影＝林川英昭氏）

修験道では金胎両曼茶羅を想定して修行するのだが、求菩提山は相対的に女性的な想定が強いと言われており、国見山から見た求菩提は円状の山並みにとり囲まれ陰相になっていることから、「胎蔵の相」であるという。残された神像も女神像が多い。ちなみに「金剛の相」は犬ケ岳と経読岳の間に見える大日岳（一〇三九ｍ）という。

ところで妻や母も含めて山の女たちは、構から外へ自由に出ることはできなかったという。女は不浄者といわれ、とくにお産は、出血や死産など不浄なものがつきまとうとして、産所に降りて産んでいる。現在の産家《さんげ》地区は、上谷の産所があったということから、この地名となっている。

### ▼首なし地蔵

構の石門を入ると右手斜面に「首なし地蔵」があり、殺伐としたものを感じてゾクッとくる。明治新政府の「神仏判然令（神仏分離令）」によって、仏教排斥運動が広がり仏像仏具が毀《こわ》された。いわゆる「廃仏毀釈」である。罪のない仏たちは一夜にして打ち毀され、放擲《ほうてき》されたのだ。仏像仏具だけではなく建物まで、多くの文化財が失われてしまった。

首なし地蔵の無残な姿は、廃仏毀釈という歴史の誤りを訴えているように見えた。

### ▼玄海とその母の墓

首なし地蔵から山道を北谷方向に行くと、玄海とその母の墓がある。仏師玄海は豊前の出で、いくつかの記録にその名が見える。

天正十六（一五八八）年正月、中津城の修築の際、玄海が地鎮祭を行っている。また『日本美術辞典』（野間清六編、東京堂出版）には元和五（一六一九）年に宇佐弥勒寺の仁王像を修復したともある。

豊津国分寺の十一面観音立像や、求菩提山西谷の愛

宕社に祀られた将軍地蔵も玄海作といわれている。

▼鬼石坊

構からしばらく行くと右手山中に、「鬼石《おにいし》坊《ぼう》」と呼ばれた山伏の住居坊跡がある。斜面には鬼石坊が栽培していたのか、茶畑が残っていた。このあたり一帯を下谷という。

鬼石坊にはこんな話が残っている。

昔、求菩提に体の弱い山伏がいた。なんとか丈夫になって修行がしたいと、卜仙が犬ケ岳の鬼を退治してその霊を山の八合目に祀ったという「鬼神社《おにがみしゃ》」に毎日お願いしていた。ある日、枕元に鬼神が現われて「近くにある石で石垣を積んでみよ」と言う。山伏は目が覚めるとすぐに石を掘り起こし、一人で運んで石垣を作りはじめた。日に日に力も出てきて大きな石も動かせるようになり、りっぱな石垣ができあがった。

鬼が動かすような石を積み上げて石垣を作ったというので、鬼石坊と呼ばれるようになったという。いまでも石垣は残り、持ち上げたときについた手形が残る石もあるという。

上・鬼石坊跡（撮影＝林川英昭氏）
下・首なし地蔵

▼お茶

山伏にとってのお茶は日常飲むものではなく、薬として処方される貴重なものだった。山の古地図には三四カ所の茶畑の名前があり、「茶屋」という製茶所も数カ所記されている。

阿弥陀窟の下から山麓にかけて、また竜門谷一帯の東南の斜面にお茶は栽培されていた。求菩提資料館にある備前焼の大甕は、お茶の保存用として使っていたものだそうだ。

お茶は、『喫茶養生記』で知られる臨済宗の開祖・栄西が宋から持ち帰り、ひろめられた。栄西が伝えたお茶は抹茶のことで、心臓の病をはじめ万病に効く薬とされ、人の寿命をのばす妙薬として広まった。もともとお茶は、禅修行の眠気覚ましに持ち込まれたという。

上・現在も求菩提山にのこる茶畑
下・杉谷の上毛往還（撮影＝共に林川英昭氏）

栄西を中国に留学させたのは博多商人だ。五年後の建久二（一一九一）年に帰国した栄西はまず、佐賀と福岡の県境にある脊振《せふり》山《さん》（一〇五五m）に茶の木を植えた。脊振山は「脊振修験」とか「脊振千坊」と呼ばれた修験の山だが、求菩提の山伏と交流もあったはずで、わりと早い時期に脊振からお茶は伝わったと考えられる。

お茶は朝夕の寒暖の差が激しく、朝霧の立つところがおいしいといわれる。求菩提も「秋霧」という地名にもあるように霧が立ち、茶の栽培に適している。いまも求菩提のお茶はおいしい。

当時は庶民が飲むものではなく、不老長寿の妙薬として珍重され、祈禱用や薬呪として領主や地方豪族に進物として贈られていた。礼状も数通残っているが、大友宗麟や細川忠興の名前もみえ、大変貴重なものだったことがわかる。また進物用だけでなく、山中でもかなり格式の高い茶道文化が育っていたことを物語る天目茶碗や茶器が発掘されている。

　元禄十四（一七〇一）年の「茶受取立帳」によると、年間の総生産量は「九八九荷半」と記録されている。「荷半」の単位については不明だが、茶葉に精製する前の、茶樹を束ねたものであったようだ。

　明治五（一八七二）年の「修験道廃止令」以降、山伏は山を去り、最後の坊となった滝蔵坊の裏の畑から、古伊万里の小壺や白万古《しろばんこ》の湯呑みが掘り出されている。

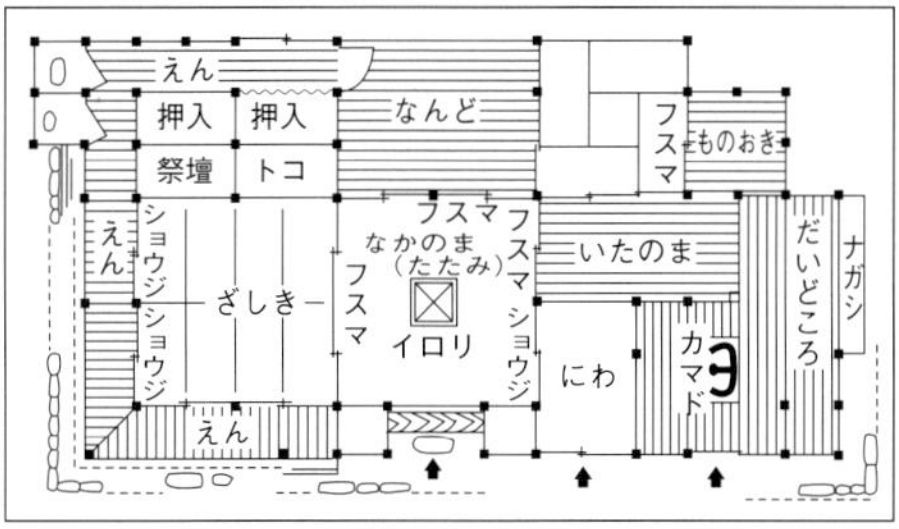


上・杉谷に残る岩屋坊（写真提供＝重松敏美氏）
下・復元前の岩屋坊の間取り（重松敏美編著『豊州求菩提山修験文化攷』豊前市教育委員会刊所載・太田静六「求菩提山に於ける修験者聚落と周辺の民家」をもとに作成）

### ▼杉谷大通り「上毛往還」

いまは座主《ざす》園地駐車場まで車で行けるので、登山口から歩いて登る人は少ない。ここの駐車場に車を停めて山に入る。左へ行けば座主屋敷跡だが、真っすぐに階段を登ることにしよう。道幅は三、四メートル、石段を見上げてもはるか遠く、山の奥へ奥へと続いている。左右に坊跡の石垣が並び、かつての繁栄がしのばれる。江戸時代に整備されたという石垣は、三〇〇年余の歳月にもビクともしない精密さで、その排水技術が現在見直されているという。西の寒田《さわだ》（築上郡築上町）まで通じるこの道を「上毛《こうげ》往還」と呼んだ。

　左右に築かれた石垣の数だけ坊をイメージすると、にわかに人の気配が満ちてくる。山伏の野太い声、女たちの子どもを呼ぶ声、行き交う下駄の音、洗い水の流れる音、ホラ貝の音がこだまし、読経の声が山のリズムをつくる。杉の木立から漏れる陽光や月光が、一山という国を照らしていた。

　空想というか妄想というか、勝手に思い描いて石を踏む私の足がもつれ始めた。足が短いせいか一歩で上がるには段差に幅があるのだ。踏みしめる落葉の音と水の流れを道連れに、一歩一歩歴史をたぐりながら、過去へ近づいて行く。ふと、誰かが見ている気配がして振り返る。男の胸に抱かれているような安らかな、いや弾むような艶めいた気持ちになっていた。

「岩屋坊」が右手高台にあり、主のいない坊のまわりにシャガの白い花が揺れていた。

上・三十三観音や地蔵菩薩が並ぶ安浄寺跡
下・かつての毘沙門堂、豊照神社（撮影＝林川英昭氏）

**▼安浄寺跡**

息を切らして長い石段を登りきるとT字路になっており、突き当たりが安浄寺跡である。右へ行けば尾根道へ、左へ行けば国玉神社中宮へ行く。安浄寺はかつて求菩提六院の一つ、杉谷の清浄院があったところで、昔はここで一山の念仏供養が行われていた。山の斜面に三十三観音の石仏が置かれ、不動明王やお地蔵さんが並ぶ境内は、ちょっと寂しい空間だ。山内の葬儀寺だったと聞くと、なおさら落ち着かなくなる。寺は明治元（一八六八）年の神仏分離令が出されるまで残っていた。戦後までここに蔵があり、廃仏毀釈時に廃棄された仏像仏具などが放り込まれ、そのまま荒れ果てていたという。

**▼豊照神社（毘沙門堂）**

安浄寺跡に隣接して、豊照《とよてる》神社が参道に面してひっそりと建っている。明和三（一七六六）年の「求菩提山絵図」を見ると、杉谷の石段の登り口あたりに「毘沙門堂」とあり、北方守護の神である毘沙門天（多聞天）を祀っていたことがわかるが、現在地とは大幅な違いがある。なぜ、そしていつ現在地に移して建てられたのかは定かではなく、移されたものではないにしても、その関係性も不明である。

明治以後に毘沙門堂は豊照神社と改名されたが、神社というには小ぶりの社である。平安時代の作といわれる本尊の毘沙門天は、発見されたとき傷みがはげしく、立てない状態だったという。現在は修復されて求菩提資料館に展示されている。

役行者の供養塔である神変大菩薩石塔

**▼役小角供養碑**

安浄寺跡から中宮へ向かって進むと、山手斜面の藪のなかに「神変大菩薩」と刻んだ石塔が立っている。役行者《えんのぎょうじゃ》（役小角《えんのおづぬ》）没後一一〇〇年に建てられたという記念石碑だ。葛城山にこもって苦行し呪験力を身につけたという、全国修験の開祖とされる役行者の供養塔だ。うっかりすると見落としてしまいそうだ。かつての威力（魔力？）も通用しなくなった世のなかで、欠伸をしているように見える。

平成十六（二〇〇四）年に吉野・大峰、高野山、熊野三山が世界遺産に登録され、修験道や密教が見直されているが、奈良県の大峰山の山上ケ岳山頂に建つ大峰山寺には、前鬼後鬼を従えた役行者像があり、二十一世紀のいまその姿に光があたっている。

役行者は、葛城山中で藤皮の衣を着、松葉を食し花汁を吸い、三十年にわたって難行苦行した末に大験自在となり、鬼神を使役できるようになったと伝えられている。『続日本紀《しょくにほんぎ》』には、文武三（六九九）年「呪術をもって人々を妖惑した罪で、伊豆嶋に流された」と記されている。信頼性のある記録としては『続日本紀』のこの一文しか役行者に関する記述はなく、様々な言い伝えはあるものの、多分に伝説的な人物である。

それらの伝承によると、役行者は伊豆に流されたあと唐に渡り仙人になって、三年に一度日本に帰り修験の山々で修行し、全国の霊山にも現れている。求菩提山にも慶雲元（七〇四）年に入ったとある。修験者は役行者にならい、修行時には五穀断ちをする。米・黍《きび》・麦・粟・豆の五穀で、つまり水田や畑で栽培されたものは食べず自生するものだけを食べた。それは道教の五つの養生法の一つ「辟穀《へきこく》（穀物を食べず、草木木皮を食する）」からきているのだ。

平安時代の初め、空海《くうかい》、最澄《さいちょう》が現れ、鎌倉時代には法然《ほうねん》、親鸞《しんらん》、道元《どうげん》、日蓮《にちれん》など名僧によって仏教は広まり、組織ができていった。同じころ修験道の組織も形づくられ、仏教に対抗するため開祖を必要とした。そのため山中で苦行し、呪験力を身につけ、鬼神を使役するという役行者像を作り上げたとも言われている。

### ▼獅子の口

右に山を見上げ、左に谷を見下ろしながら山道を行くと、谷川の水が獅子の口からあふれ出る水飲み場がある。麓から歩いて来た山伏にとって、ホッと一息入れた場所だろう。身体の穢れや不浄を落とす禊場でもあった。立ち止まると谷の視界も良く、うららかな日差しを遮るものは何もない。

ところが楽しみにしていたのに、獅子の口から水が出ない。獅子は干涸びてげんなりしている。叩いても揺さぶっても、雫も出ないではないか。未練たらしく谷川の方を見上げると、パイプが折れ曲がり流れを悪くしているのだ。いまは聖域もなく、禊の必要もなくなったのか……。

### ▼山伏問答

獅子の口の横に結界石がある。山伏は獅子の口で手と口を清め、身なりを正してさらなる結界の内へと入る。当山外の山伏はここで「山伏問答」が行われ、許可されないと入山できなかった。

山伏問答とはどんなものなのか。「求菩提資料館ジャーナル第十一号」（福岡県求菩提資料館）を参考にしながらいくつか紹介しよう。

例えば、求菩提山で護摩供養があると聞いた他山の山伏が、ホラ貝を吹き鳴らし「六根清浄」のかけ念仏に「懺悔。さんげ」と唱和しながら登ってくるが、ここで求菩提の山伏に足止めされる。「採燈護摩《さいとごま》（真言宗は柴燈護摩）があると聞いて、急ぎ推参つかまつって候。我ら行者をなにとぞ、当道場内に入らせ給え」と他山の山伏があいさつし、当山の山伏が質問を投げかけ、それに答えていく形式だ。情景として「勧進帳」の弁慶と富樫の姿を思い浮かべてほしい。

獅子の口

問「旅の行者、住山何れなりや」

答「鎮西豊前国は中津《なかつ》郡《ごおり》○○山がふもと修験○○院輩下の修験者にて候」

問「して本日当道場に来山の儀はいかに」

答「本日、当道場に於いて天下泰平、五穀成就祈願の採燈大護摩供ありとうけたまわり馳せ参ぜし者にて候。同行列座に加えられんことを請い申す」

問「しからば本宗の掟として入檀せんとするには山伏の心得ひと通りわきまえて召るや」

答「いかにも」

問「しからば問う。そもそも山伏の二字、その儀は如何に。修験道の儀は如何に」

答「山伏とは真如法性《しんにょほっしょう》の山に入り、無明煩悩の敵を降伏するの儀。修験道とは、修行を積みてその験徳《げんとく》を顕す道にて候」

問「修験道のご本尊は」

答「総じては金胎両部の曼荼羅というべきも、修行専念の本尊は、大日如来の教令輪身《きょうりょうりんじん》大忿怒形の不動明王にて候」

問「肩に掛けたる結袈裟《ゆいげさ》はいかに」

答「結袈裟とは修験専用の袈裟にして、九條袈裟を折り畳みたるもの、九合は九界を表じ行者は仏界にして十界一如の不動袈裟。また三股なるは三身即一。六總《ふさ》は六波羅蜜を顕すものにて候」

鳥井畑から移された東の大鳥居

問「腰に帯びたる利剣は如何に」

答「不動の智剣。煩悩魔障を断破するものなり」

問「八ツ目草鞋とは」

答「八葉蓮台を踏むの心なり」

問「然らば本日厳修せられる採燈大護摩供のいわれは如何に」

答「採燈大護摩供とは、修験道の秘法護摩供にして、仏の智火をもって、業煩悩の薪を焼き尽くし、法性の理体を顕現するの儀にして、有漏生死の依身を断焼して本有不生《ほんぬふしょう》の阿字に帰入し、五仏の三《さん》摩地《まじ》に住し六大理観に入り、本尊と我と不二の境地に入るの儀にして、その形義、次第、観念には、深甚なる意義を有すものなり」

などなど心得をチェックし、「先程よりのお答え、まこと聖護院宮門跡配下の山伏たること疑いなし。然らば、しからば、お通りめされ、案内申す」「しからば御免」と、やっと入れてもらうことができるのだ。

### ▼護国寺楼門

急に道幅が狭くなり木々が陽光をさえぎった。別世界に迷い込んだようで、霊気がそくそくと迫ってくる。武者震いがしてあたりを見渡すと、目の前に大きな鳥居があった。昭和三十二（一九五七）年に鳥井畑から移された「東の大鳥居」である。かつてこの場所には楼門があり、身の丈三メートルもある仁王像があったというが、明治三十三（一九〇〇）年の火事で焼けてしまった。

山伏が修行を終えてこの鳥居から出るときは、持っている矛を投げ込み、「オーッ」という激しい気合いでもって一気に駆け抜けたという。女性が赤ん坊を産むときと同じ苦しみや痛みを体感すると同時に、胎児としての産声をあげて再生されるのだ。鳥居は陰、矛が陽で二つが交わり生れ出るという。

御田植祭でお旅所にしつらえられた祭壇

鳥居をくぐると見上げるような杉並木が粛粛とつづき、伽藍地《がらんち》へといざなっていく。道の至るところに鹿や猪除けのネットが張り巡らされている。鹿は新芽や幹を喰い、猪は土を掘り起こして木を倒すという。動物の被害だけではない。台風で山は荒れ、心ない登山者に汚される。歴史を護ることは並大抵のことではないのだ。

ブックサぼやいているうちに山道は大きく右に折れ、国玉神社中宮を正面にした伽藍地が忽然と現れた。

**▼お旅所（浮殿・仮殿）**

山の八合目に木立に囲まれた伽藍地は、斜面に四段の台地をつくり、主要な堂社が建っている。一段目にお旅所（浮殿・仮殿）があり、二段目にはかつて講堂があったが焼けてしまい、現在は社務所が建てられている。そして正面最上段の中宮へ続く石段の右手に鬼神社。それぞれが南西の犬ケ岳に向かって建っている。御田植祭で何度もきたはずなのに、平生は人影もなく木々の梢を渡る風の音ばかりで急に心細くなった。

まず最初の台地に立つと、祭事のときに中宮より神輿を移すお旅所が右手にある。いつもは静寂に包まれた祭事の庭だが、年に一度、三月二十九日は村の人々が集まり、護国豊穣と無病息災を願って御田植祭（松会）が行われる。神仏分離令以前、お旅所は「浮殿」と呼ばれていたようだが、この祭りの一日の間だけ、浮殿は「仮殿」となり、護国寺から移された神輿の前に祭壇が作られる。御田植祭が神事となった現在では、お旅所というようだ。

二段目の社務所へ行く石段が見物席になり、笛や太鼓で心が浮き立つ古式ゆかしい祭である。

求菩提の春はシャガの白い花によって知り、それから桃の花が咲いて神前に供えられる。桃の花は古来中国では邪気を払う力があるとされ、魔除けとして珍重されてきた。また「桃の果実が女性の生殖器に似ているところから、生殖器の偉力を以て悪魔はらひをした」(『折口信夫全集』「第三巻、古代研究、民俗学編2」中公文庫）という説もある。道教では桃を仙果として大変尊ぶ。

旧暦で行われていたときから、御田植祭の当日は決まって雨が降ると言い伝えがある。現にいまでも雨が降るのだが、お清めの雨だと村の人は信じている。祭りには大勢の人が集まり、山の静寂・秩序をかき乱すだけでなく、人ぼこり、土ぼこりも立つ。それらを清めてくれるのだという。

私が訪れた数年前のその日は朝から黒雲に覆われて、真冬のような寒さだった。座主園地駐車場についた昼ごろから、ポツリポツリと雨が降りだし傘をさしての見物となった。神事の途中から雨はみぞれに変わり、大きなシャーベット状の雪が足元を濡らす。みるみる傘は重くなり、足は寒さで感覚をなくしてしまった。

帰りの道は、谷から湧き上がってくる霧とみぞれが視界を覆い、一寸先も見えなくなった。山の恐さと同時に幻想的な光景は忘れられない。

## ▼求菩提山御田植祭

お旅所に移された二台の神輿の前には、獅子頭やお神酒、海の幸や山の幸、そしてもみ種を供えて祭壇が作られる。現在は、午前中に岩屋神楽保存会による神楽が奉納される。そして午後になると、いよいよ御田植祭（県指定無形民俗文化財）のはじまりだ。

かつては「盛一臈」が御田植祭（当時は「松会」）を司り、すべて山伏たちによって執り行われていたが、現在は保存会の人たちによって行われている。朴の木で作った松庭で、うやうやしく神事が始まった。

まずは田の神様をお迎えする清めの儀式。次いで「求菩提山御田植神歌」に合わせ、古式にのっとったお田植え行事が進められる。天保六（一八三五）年の「求菩提山雑記」によると「この祭式、元正帝（七一五—七二四）の勅《みことのり》によって行善和尚関白の後、年の豊凶に増減なく、当時に至って例年勤る祭礼也」とあり、およそ一三〇〇年の歴史があることになる。史料としては「田行事衣装箱」の蓋（県指定文化財）に「建暦三（一二一三）年二月二十八日」の文字があり、八〇〇年近い歴史は証明されている。

改る年の始の門松は　君に千年ゆづり葉の声

これはお田植え祭で歌われる神歌の一節である。悠長な語り口調に合わせ、鉦、太鼓、横笛が雰囲気を盛り上げる。

神歌は一月から始まり実りまでを歌う。山からは水が湧き、また雲をつくり雨を降らせることから、神は山に住むとされていた。その山の神は正月に里に降り、耕作がすむと山へ帰ってゆく。その様子がこの神歌では歌われているのだ。また重松先生は「松会は山の神が里に降りてきて民衆と遊ぶ『神遊び』だ」と話していた。

神歌で神をお迎えし「お田植え神事」が始まる。白装束にたすきをかけ、鎌を手にした男が畔草を刈る「草刈り」がすむと、つぎに畦を切る。

改る年立帰り春来れば　小すげ笠をおも向けて　渡りしものは鶯の声

鶯は春を告げる山の神の使者という。鍬を使って田を耕し畦を切ると、張り子の牛が登場しての「苗かき」だ。牛は人の思い通りに動かず、牛と鋤き手のやりとりがユーモラスで、この場が一番笑わせてくれる。演者の芸の見せどころなのだ。

ようように牛が仕事を終えて帰ると、「種蒔き」「田植え」とつづく。里の小学生が早乙女となって、田植えの真似事をするのも素朴でかわいい。そして、つぎの孕み女の場面は、たっぷりと演じてくれなければおもしろくない。孕み女はご飯を山盛りにした御供椀を持ち、大きな手鏡と櫛を持って髪をとかすうない（手伝いの女房）と二人で、大きなお腹をさすりさすり田を誉めてまわる。孕み女は実りを表している。

ほうふときすは熊野にふける　ほうとふ志ら稲のほたれ

いよいよ、囃し方の登場で、担いだ太鼓を打ち鳴らし、「ほーととぎすは熊野にふけるホーホー、ほーととぎすはトントトン、熊野にふけるホーホー、トントトン」と田誉めをくり返し、刈り入れとなる。ホーホーはほととぎすの鳴声を真似て、お祈りをしているのだ。

中宮からお旅所への神移しの様子。神の御霊が移された神輿を担ぐ氏子たち

「ほととぎすは熊野権現の神の使者で、ホーと鳴けば稲の穂がたれる」と歌っている。

フィナーレは「おんとろ、踊ろう、免ひて、賞して、踊ろう、めでたい、踊ろう、めでたい」と無事豊作を祈って御田植祭はしめくくられる。見物客は神のご種子が宿ったモミ種を持ち帰り、我が家の苗代に蒔くと秋は豊作になるという。

もとは神事の終わりに「幣切り」が行われていた。いまその形を残すのは京都郡苅田町の等覚寺《とかくじ》の松会で、禰宜《ねぎ》が大きなご幣を担いで、一〇メートルはある松柱に登り、ご幣に神を迎える。ご幣は神の種子を宿しており、松柱の上で切ったご幣は松庭のモミ種の上に降り注ぐ。交合したモミ種はやがて実を結び、実り豊かな秋を迎えるのだ。米の育ちは種を蒔いてから実るまで十月十日といわれ、人が出産するまでと符号する。御田植祭は古代から生命の恵みを託した祭りなのだ。

農耕に関わる民俗芸能のなかには、男女が仲むつまじく交わる性交の場面や、妊婦が出産する場面が登場する。「性」は「生産」に結びつくことから、古代より性に関する信仰は多い。奈良の明日香村の飛鳥坐《あすかにいます》神社では、「御田祭《おんだまつ》り」というお田植え祭りがあり、天狗とおかめが神様の前で交わって見せる、と聞いたことがある。とても人気があるそうな。

### ▼鬼神社

お旅所より一段高い場所に、かつて講堂があった。一面が九間もある大きな建物で、法要や神事が行われていたという。天保年間（一八三〇―一八四四）に焼失し、その後再建されたが、また焼失してしまった。講堂跡には現在社務所が建てられている。

中宮を正面に見上げながら階段を上ると、右手にその名も恐い「鬼神社《おにがみしゃ》」がある。継体二十（五二六）年に猛覚魔卜仙が犬ケ岳の鬼を退治したとき、鬼の霊を

上・御田植祭の前に神楽が舞われる
下・御田植祭でも人気の場面「苗かき」

祀って鎮めたといわれる。鬼の頭は鬼ヶ州（椎田町）、胴は犬ケ岳、手足は明神の浜（豊前市八屋）に埋めたと伝えられ、その霊を封じ込めた甕は犬ケ岳の山頂に埋められた。その甕が埋められているところは「甕の尾」と呼ばれている。

鬼神社は南西の犬ケ岳に向けて建てられ、修験道が盛んだったころ五大明王の像が安置されていた。

近年まで二月八日（旧一月八日）の晩に、悪鬼を払い疫病を除く儀式である「鬼会《おにえ》」が行われていた。ト仙の退治した八匹の鬼にちなみ、暴れる鬼に八本の綱をつけて取り押さえる追儺《ついな》で、鬼払い、鬼やらいと呼ばれる鬼追い祭りである。この日、鬼の霊を封じた笘を開くことができるのは、松会の座役「盛一臈」を務め千日行に入る高臈である。

求菩提資料館の学習室で、「鬼神社」の扁額と並んで二つの鬼の面を見た。鬼もよくよく見ると時代と共に顔形が違っている。鎌倉・室町時代は細面、江戸時代は四角で頑丈な顔だ。二十一世紀の鬼はどんな顔をしているのだろう。

**▼求菩提の鬼**

ところで「鬼」とは、

鬼の霊を祀った鬼神社

何だろう。いまでいう鬼の姿は、丑寅《うしとら》の方角を鬼門とする陰陽道が入ってからで、昔話「桃太郎」が物語っている。鬼は鬼門（丑寅の方角）の丑の角と寅のふんどしをつけている。魔除けの桃が主人公で、裏鬼門から南西にある猿・雉・犬をお供に鬼門を封じ、金銀財宝の福をもたらすというイメージができあがったといわれている。

民俗学的には「隠《おに》」からきたもので、祖霊のイメージだったようだ。人々は目に見えない隠れた世界に住むものを「隠」と呼んだ。何者も死ねば山にかえり、いつも自分たちを見守ってくれる霊魂だった。悪霊や疫神を追い払い、豊穣、長寿、富貴をさずけ祝福にくる存在でもあった。

だが、良い祖霊ばかりではない。怨恨や憤怒のうちに死んだ祖霊もあり、復讐を恐れた人々は祭りやお祓いをして、その霊魂を鎮めようとした。それは後ろめたい心が生んだものだが、そこから「鬼」という存在を作って、都合の悪いことを鬼のせいにしてしまうということもある。

四世紀以降、大和を中心とした諸豪族が、天皇を擁立して地方を統一しようと動きだした。これまで地方豪族たちが持っていた土地や人民を、すべて天皇の支配する国家のものとして取り上げるというのだ。

一方的な支配体制に反発した一人が、筑紫君磐井だった。しかし大和軍に敗退した磐井は豊前国上膳《かみつみけ》（現在の豊前市付近）山中にかくれたと『筑後国風土記・逸文』（八世紀初）にある。卜仙は、豊前市周辺に逃れてきた磐井を滅ぼすために遣わされた呪術師ではなかったのか。

卜仙が鬼退治をしたとされるのは継体二十（五二六）年、磐井の反乱は継体二十一年だが、頼厳以前の求菩提山の記録は定かではないため、一年の誤差があってもおかしくない。また、鬼「八匹」は「たくさ

奥の院石室（写真提供＝重松敏美氏）

ん」という意味もあり、「たくさん」の「鬼＝磐井軍」をト仙が退治した、というようにもとれる。

私の推理では、鬼神社に祀られているのは筑紫君磐井で、祟りを恐れて鬼会を行ったのではないだろうか。

求菩提山を山号にした開祖・行善は和銅六（七一三）年から養老四（七二〇）年ごろ入山し、養老五年に護国寺を建立したと伝えられる。一方和銅三年に平城京に遷都した大和政権は、全国統一の夢を果たした。

しかし、地方にはまだ従わない者たちがおり、山に入って山人になったり、土蜘蛛や耳垂れと呼ばれて異端視されていた。「土蜘蛛・耳垂れとは、大和朝廷に服従しなかったという辺境の民の蔑称」と『広辞苑』にある。

求菩提の「鬼の磴《とう》」といわれる石段を築いたのもその人たちではないだろうか。彼らが岩屋に住んでいたことは記録にもあり、また鬼の磴と同じ話が岩屋地区の長淵にも残されている。

大和朝廷が全国を制覇する上で重点を置いたのは、治水工事を行って生産性を高めることと、仏教を日本人の宗教にして統一しようと普及させたことがあげられる。しかし、律令制度は人民を苦しめるばかりだった。長いものに巻かれない反逆者にはエネルギーがある。その力をうまく利用して、石段作りや土木工事に使役させ、完成させれば自由にして良いと騙し、皆殺しか追放としたのではないだろうか。大和政権はそれを正当化するために、彼らを「鬼」とすり替えてしまった……。

地元で聞いた話だが「求菩提の石段を作ったのは土蜘蛛ですよ。岩屋に土蜘蛛は住んでいましたから」という人もいる。皆さんはどう思われますか？

余談になるが、大分県耶馬溪町にも土蜘蛛や耳垂れの伝説がある。住んでいた岩窟《いわあな》も残っており、地名が岩屋というのも共通していておもしろい。

常香堂に祀られていた不動明王像（国玉神社寄託・福岡県求菩提資料館蔵／写真提供＝重松敏美氏）

### ▼奥の院石室（行者窟）

鬼神社の向かいに細い脇道が山へ伸びている。ゴロゴロ石と風倒木に邪魔されながら急な斜面を一〇〇メートルほど進んで行くと、山伏が修行をしていたという、大きな一枚岩を人工的に重ねあわせた石室が斜面に建つ。行者窟であるが、ここが護国寺の奥の院といわれる。人がやっと立って入れる高さで、正面に石の祭壇があり、石像の獅子がある。石像釈迦三尊（釈迦如来・文殊菩薩・普賢菩薩）が祀られていた窟内には、文殊菩薩が駕した獅子の部分と、普賢菩薩だけが残されている。

### ▼常香堂（常行堂）

奥の院から下った平らな場所に常香堂がある。私が訪ねたときはちょうど発掘が行われており、青いビニールシートで覆われていた。ここ常香堂では、平安時代から灯明の火を守り、一年中香を絶やさなかったといわれている。また不動明王を祀っていたので「不動堂」とも呼ばれた。煤で真っ黒になった不動明王は、現在求菩提資料館に展示されている。求菩提山伏の千日行はここを軸に行われていた。

常香堂の裏に井戸があるが、これは飲料用ではなく「閼伽《あか》水」と呼ばれ、仏に供える水に使っていた井戸である。

### ▼頼厳供養塔

鬼神社から中宮へ上がる石段の途中に、一メートル足らずの頼厳聖人の供養塔がひっそりと建っている。説明がないとうっかり見落としてしまいそうだ。四角の台座の上に丸い塔があり、四角にくり抜いたなかに阿弥陀如来が浮彫され、三角の笠の形をした相輪が載っている。相輪には七つの宝輪が刻まれ、先端には火

求菩提山中興の祖・頼厳の供養塔

焔宝珠が帽状に粗彫された国東型宝塔という。無銘だが、南北朝初期以前のものらしい。

頼厳は保延六（一一四〇）年に求菩提山に入山し、行善の「開山の祖」に対して、「中興の祖」といわれている。頼厳の出身地である宇佐からは、求菩提山はちょうど真西にあたる。求菩提山に沈む太陽を見て、あまりの美しさに西方浄土の入り口と思い、求菩提山に入山したと伝えられている。また、様々な記録を見ると、「頼厳」は「らいごん」と書いてあるものや、江戸期には「頼玄」となっているものもあるようだ。最近、熊野でも修行していたころの史料がみつかったという。

ところで銅板経には、打ち終わりとして康治元年九月二十四日の日付が記されている。頼厳は同年八月四日、宇佐の妙楽寺の奥の院で入滅とある。完成を見ずに逝ってしまったのだろうか。

### ▼末法思想とは

平安時代のなかごろ、政治は行き詰まり、朝廷内の勢力争いは激しくなった。その上、大雨旱魃、盗賊放火、伝染病の流行と天災人災が相次ぎ、貴族も人々も怨霊のしわざと結びつけて、呪《まじな》いや陰陽道に頼りだした。そして浄土教の信仰に救いを求め、浄土信仰とともに末法思想が広がっていった。

このような乱れた世に流布した末法思想とは、釈迦が説いた「正像末の三時」によるものである。これは釈迦入滅後の時代を三区分した考えで、「正法」は釈迦入滅後五〇〇年（一〇〇〇年の説も）は仏の教え通りに修行すれば仏になれる時代。「像法」はその後の千年間、教と行はあっても仏になれない時代。「末法」は仏の教えがすたれ、修行する人もなく、悟りを得る者もなくなり、教法のみが残る時代で一万年つづく。

その後は「滅法」の世で、すべて仏法が滅んでしまう時代がくる、というのだ。

この末法の世が平安時代後半の永承七（一〇五二）年と計算され、平安貴族たちは弥勒菩薩が出現する五六億七〇〇〇万年後まで、自分の生きてきた証と信仰を経文とともに残したいと願った。

すでに藤原の世は末法の時代に入っており、藤原道長がまず山詣りを始めた。寛弘四（一〇〇七）年八月、吉野・金峰山《きんぷせん》に参詣して、法華経など十五巻を銅の経筒におさめて土中に埋めた。それに触発されて全国に埋経が広がっていったのである。

経文を残すために経塚が作られ、場所は深山幽谷の地が選ばれた。そのために修験者、山伏たちが山を拓いていったという。これが「山は錫杖によってどんどん拓かれていった」といわれる時代である。求菩提もその一つで、日没の神々しい姿に西方浄土を重ね、十一月下旬（旧十月下旬）の真西に日が沈むとき、とくに多く経塚が作られているという。

経文を納めた経筒は陶製と銅製のものがあり、東から南にかけた辰巳の方位から多数出土されている。求菩提山では埋納された年代は保延六（一一四〇）年から久安六（一一五〇）年の間に限られ、一時期の流行だったことがわかるが、これは頼厳の入山と一致する。

求菩提山は経筒が六十本（国重要文化財）、供養のため一緒に埋納した高価な景徳鎮の合子《ごうす》が約二〇〇個（国指定重要文化財）も出土し、全国的に見てもその数が多いのが特徴である。埋経信仰は密教によるものだが、経筒のなかには底部が鏡になったものがある。鏡は神道では神の御姿である。つまりこの経筒は神道との神仏習合を表しており、これらは求菩提信仰の特色だという。

### ▼国玉神社中宮（護国寺）

伽藍地の一段目から真正面に見上げた山際に、国玉神社中宮は東を向いて建っていた。明治の神仏分離令以前の「護国寺」であったとき、ここは北山殿と呼ばれていた。天台の守護神である山王二十一社を頼厳が勧請し祀っていたらしく、神殿と拝殿からなっている。

明治以後「国玉神社」と改名したのは、行善が護国寺を建立する以前、卜仙が大己貴命を祀っており、大己貴命は大国主命、また「顕国玉神《うつしくにたまのかみ》」とされていたことによる。

中宮には御田植祭に供養する二台の神輿が納められており、その神輿には菊の紋章がついている。これは求菩提山が聖護院宮門跡の法流である印なのだ。求菩提山に残された「捜古録」によると、貞和五（一三四九）年と応永六（一三九八）年に九四名の衆徒によって神輿が奉納された記録が残っている。このことから、そのころすでに求菩提山には修験道組織ができていたことが推測されるという。

また中宮には雨乞い神事に用いられた「龍図掛軸」（県指定文化財）があった。求菩提山の白山妙理大権現の本地仏十一面観音は、九頭《くず》龍王《りゅうおう》の変身と伝えられる。龍は雲や雨を自在に支配する力を持つとされる神である。この掛軸は与謝蕪村の弟子、紀時敏の描いたもので、小倉藩小笠原公が寄進したものだ。中央に眼光鋭い大きな竜の顔が描かれ、長い爪と角が猛々しく迫力があり、雨も恐れをなして降ってきそうな面構えだ。現在、求菩提資料館に展示されている。

### ▼鬼の磴（石段）

国玉神社上宮へ行くには、鳥居の横道から五窟・護摩場を廻り裏参道を行くか、中宮右横にある、鬼が一夜で作ったという石段を登らなければならない。これが「鬼の磴《とう》」である。第二の小さな鳥居をくぐると、それぞれ大きさの違う石を約三千枚積み重ねて作られた石段が、八五〇余段。急勾配でこれが結構きついのだ。かつて石段の両脇に日本六十余州の神々を祀った石体があったという。現在ではほかの岩や石にまぎれ、また散逸し、どれがその石体であったのか、見分けがつかなくなっている。山伏の修行の一つに、毎日石体に起居礼《きこらい》をして上宮へ上る華水供があった。この石段を毎日である。私などは途中で何度も休憩しないと登れない。修行も大変だとしみじみ思った。

### ▼国玉神社上宮

石段をなんとか登りきると、目の前に上宮が待っていた。寛政三（一七九一）年に再建。棟札に「仏法大棟梁白山妙理大権現本地十一面観音薩埵」とある。拝殿もあったのだが、平成三年の台風一九号で倒壊し、今は神殿だけになってしまった。しかし何より目を引くのは、神殿の背後にごろごろ重なり合うように横たわる巨石群だろう。神の力、自然の力を無言のうちに示しているようだ。おどろきを通り越してあきれるくらい、大きくて数が多い。この巨石こそが神の依代、磐座《いわくら》である。この磐座をお護りするために神殿を建立したのだろうか。

　本殿横には大石を抱き寄せて四方に張った木の根。その根元にはスラリと長身の五重の石塔が置かれており、鎌倉末から南北朝初期の作という。横に並ぶ宝《ほう》篋印塔《きょういんとう》は大人の腰までの高さで、かがみ込んで見るとちょうどよく、蕨手《わらびて》の飾りがやさしさをかもしている。

上・国玉神社中宮（撮影＝林川英昭氏）
下・龍図掛軸（国玉神社寄託・福岡県求菩提資料館蔵／撮影＝林川英昭氏）

## ▼山頂の巨石群

　人類が誕生するずっと以前、地球は荒々しく地殻変動をくり返し、あちこちで火山のマグマを吹き上げていた。ひょっとすると日本列島はまだ海の底だったかもしれない。四五億年という気の遠くなるようなはるかな昔から時を刻みつづける地球。

　求菩提山は約七〇〇—一〇〇〇万年前、耶馬渓火山の噴火で形づくられたという。頂上の巨石はそのとき吹き上げられたもので、あの重さを持ち上げる威力は並みのものではない。

　求菩提山と同時期の噴火で、英彦山（一一九九m）、犬ケ岳（一一三一m）、檜原山（七三五m）、経読岳

鬼が一夜で積んだといわれる「鬼の磴」

鬼の石段を登りつめると、国玉神社上宮がみえてくる

（九九二m）、雁股山（八〇七m）から耶馬渓までの山脈が作られたという。その上に阿蘇火山溶岩が降り積もり、現在の山を形づくったのだ。麓の乳の観音や岩洞窟も同時期のもので、岩質がもろい溶岩なので、磨崖仏はほとんど見当たらないという。

### ▼辰の口

上宮の右手を裏へ回り込んで行くと、左の岩陰に「辰の口」と呼ばれる小さな穴がある。手をかざすとかすかに空気の動きが伝わってくる。冬は暖かく、夏は冷たい風が吹き、冬もここだけは雪が積もらないという。

また、この穴から大日如来が生まれたとも伝えられており、「胎内の口」といわれている。巨石群のなかに父なる陽石があると聞いていたが、周りの木が大きく繁って見通しが悪く、確認できなかった。辰の口と陽石はセットの夫婦なのだ。

辰の口は求菩提山が火山であった証であり、地球の生命の鼓動を伝える入り口である。

### ▼結界石

辰の口から裏参道を下って行くと狭い山道の脇に、一メートルほどの見事な結界石が立っている。邪悪なものを防ぎとめる結界で、修行の妨げとなるものは「ここから入ってくるな」という印なのだ。

子どものころ、円形の線を引いて敵を入らせない陣取り遊びをしていたことを思い出した。

### ▼胎蔵界護摩場跡

裏参道をどんどん降りて行くと、ほっと平らな場所

上・上宮裏の巨石に根をはる杉と石塔
下・求菩提山が火山であった証「辰の口」

に出る。そのまま進めば犬ケ岳口の「修行の径」で、犬ケ岳、大日岳、経読岳と山岳修験の重要な窟巡りの径である。左へ降りると五窟から禊場を通る「行者帰りの径」だ。

右手の植込のなかに石を数個置いた「胎蔵界護摩場跡」がある。護摩は智慧の火で煩悩の薪を焚く祭祀法で、修験者にとって欠かすことのできない修法である。護摩場は山の頂や高いところにあり、天にもっとも近い場所が選ばれる。煙は天に供物を運ぶという。護摩木が焼かれると、そこに書かれた願いは気となり、煙がそれを神仏に届けるという信仰からきているのだ。

### ▼外護摩供養

修験道で主として行われる「外護摩供養《げごまくよう》」とはどんなものか知りたくて、いくつかの寺を回った。参考までに天台宗で行われた「採燈大護摩供」を紹介してみたい。ちなみに真言宗では「柴燈護摩」の文字を使う。

浄地として選ばれた空地に井型に組んだ壇木があり、その上を松や檜の葉で覆った「護摩壇（炉壇）」を作る。四隅と中央には五大明王を表す五色の幣を配置し、正面には祭壇が設けられている。

修験者はまず腰に差した神代の刃である剣を抜いて、九字結界をつくり悪魔払いをする。ついで法斧によって深い山を切り開いて塵を払い檀場をつくり、煩悩の敵を断絶するために斧入れをする。そのつぎは四隅に立ち、四方上下に向けて矢を放つ。東西南北、そして中央に諸魔の結界をつくり、五大明王の化身である五大神竜王が降臨されるのだ。さらに宝剣で「光」という字を書いて、一切の衆生の諸々の煩悩を切って断絶すると、護摩供養準備としての儀式の前半が終り、座主の祝詞と般若心経の唱和が始まる。灯明から竹竿に火を移し、注連縄を切り、気合いと共に炉壇の二カ所から点火。

案内板の右奥に胎蔵界護摩場跡がある（撮影＝林川英昭氏）

黒煙がモクモクと四方へ広がり、行者も信者も見物人も呑み込んで行く。般若心経の読経と錫杖を鳴らす音が早くなり、黒煙の勢いに負けじと声も一段と大きくなる。炉壇の中心から紅蓮の炎が黒煙を押し上げるように吹き出してくると、井型の壇木が黒々とシルエットで浮かび上がってきた。

「ノウマクサンマンダ・バザラ・ダン・センダマカロシャダ・ソワタヤ・ウンタラタ・カン・マン」

願いを書いた一〇八本の護摩木一本一本に行者は不動真言を唱え、次つぎと炎のなかに投げ込んだ。火に踊る護摩木と共に煩悩が焼き尽くされていく。燃えさかる赤い炎と、ほかの行者や信者が唱える叫びに近い般若心経が、異常な興奮を呼び起こす。

やがて「火伏せの神事」。塩をまき、米をまき、無病息災、離苦得楽の成就を祈るのだ。その火の上を裸足で渡ると一切の穢れが焼き払われて、再生された清々しい気分になるという「火渡りの行」が行われる。

# 五窟から座主屋敷跡へ

## ▼修験文化は窟の文化である

護摩場跡から左の斜面を下って行くと、東南に面した岩壁に大日窟から順に五つの窟が並ぶ。求菩提山は別名「五窟岳」と呼ばれるように、山のシンボルともいえるこの五窟は、南側の犬ケ岳に向かって並んでいる。篠瀬戸符《とぶ》の遥拝所から見て、左稜線の出っ張った部分にあたる。

山伏にとって窟は寺であり、神社であり、宿であり、道場であり、作業場でもあった。窟は修行の場として断食行をしたり、般若心経を奉納したり、ときには摘み取ったお茶を干すなど、山伏にとって不可欠な場所だった。

求菩提山は「求菩提百窟」といわれるほど窟が多い。窟は陰と陽からなっており、陰陽和合を意識した修験道独特の思想がうかがわれる。

深緑の樹林と岩壁の間の細い道は、下ったり上ったりの危険な道だ。岩壁を伝い流れる岩清水が、あるときは滝になりあるときは雫となって足元に忍び寄る。山歩きで喉が渇き目の前に水が流れているのに、足場が悪くて飲めないもどかしさ。こんなときに天狗が現れて飲ませてくれたら、なんて勝手なことをふと一陣の風に期待してしまうほど、濃密な山伏さんの気配が

金剛界大日如来座像が祀られていた大日窟（撮影＝林川英昭氏）

漂っている。

五窟は南から北へ大日窟、普賢窟、多聞窟、吉祥窟、阿弥陀窟と並んでいる。

### ▼大日窟

窟内に「金剛界大日如来座像」（県指定文化財）を祀っていた大日窟。今では両手が欠損してしまったこの如来像は藤原期のものといわれている。二〇メートルはある高い岩壁の下にあった窟は、往時の面影がないほど風化していた。大日窟は「金剛窟」ともいい、陽窟で男性を表す。倒れた木の根や伸びた杉が窟を覆い隠し、まるで荒んだ男を見るようで痛々しい。大日如来像は現在求菩提資料館に展示されている。

### ▼普賢窟

大日窟から普賢窟へ向かう道は狭く急斜面だ。高い杉が陽光をさえぎり、岩壁をつたい落ちる水が落葉を濡らし足に絡んでくる。

法華経と法華経を信じる人々を護るとされる普賢菩薩を祀った「胎蔵窟」で、女性を表す陰窟である。縦に大きく裂けた岩壁の割れ目はまさに女陰そのもので、その割れ目の奥から「銅板法華経」（国宝）三十三枚が発見された。山伏は女陰の形の岩そのものに仏を見て、経文を胎内に戻し、いつか再生してくれることを願った。

割れ目に首を入れると「ウォーン」という低い音が聞こえる。地下水が岩のなかを流れる「籠水《こもりみず》」の音で、山伏は「梵音《ぼんおん》」と名づけ「普賢三昧耶《ふげんさんまや》の梵音」と呼んでいた。別名「籠窟」とも呼ぶ。農民にとって水は神聖なもので、この籠水を岩岳川の源流の一つと考えて「水分神《みくまりのかみ》」を祀り、江戸期まで水神祭が行われていたという。昭和十（一九三五）年の「築上新聞」を見ると、求菩提山八合目に「籠水神社」があり、水分神のご神像を奉納したとある。

その水を「胎水」と聞けば、女体そのものを連想し妖しくなってくる。岩の裂目は男性が見ると顔が赤らむといい、女性の私が見るとちょっと目を伏せたくなる。そんな雑念を察してか、お堂が前に立ちはだかって動かない。

▼銅板法華経

普賢窟の岩壁の割れ目のなかに、色紙大の「銅板法華経」三十三枚が銅筥《どうばこ》に納められ、隠されていた。明治三十八（一九〇五）年に国宝に指定される。

一枚の文字数はおよそ二二〇〇字で、法華経八巻と般若心経が陰刻されている。銅筥の四面は阿弥陀三尊、不動明王、毘沙門天が線刻され、底面には「康治元年十月二十一日」と供養した日が記されている。下段に、

銅板法華経が納められていた普賢窟（写真提供＝重松敏美氏）

大勧進金剛仏子頼厳、小勧進僧勢實、執筆僧は厳尊、千慶、余太、良仁、隆鑒、隆胤、鋳物師義元などの銘文が刻まれていた。名前の下には個人的な願いとして、父母の供養や自分自身の後生必救が付記されていることが注目される。

密教の根本経典は法華経だが、銅筥の阿弥陀三尊の線刻や極楽浄土を願う思想から、頼厳が阿弥陀信仰を併せ持っていたことがわかる。

晩秋のこの時期は求菩提山のち

ょうど背後に太陽が沈み、まるで仏の光背のように光が山を包み込む。宇佐から頼厳が見た「極楽浄土」もこの光景だったろう。弥勒菩薩の下生のときに「銅板法華経」が再び生み出されることを信じ、母なる胎内に埋められたのだ。

ところが「銅板法華経」は戦国時代の大永七（一五二七）年、大内義興氏の戦勝祈願のとき、御陣祈禱の修行を行っていた経衆の一人、坂口坊頼尊に夢のお告げがあり、早々に発見されてしまった。わずか三八〇年後のことだった。大内氏は「元の如く奉納せられ」と、丁重に保存するようにといって返納している。もしそのとき、大内氏の手元に残っていれば、果たして現存していただろうか。

大日窟と普賢窟を守る多聞窟（撮影＝林川英昭氏）

### ▼多聞窟

毘沙門天を祀っていた陽窟で、金剛界（大日如来）と胎蔵界（普賢菩薩）を護るために、護法神《ごほうしん》として配されたという。多聞窟が大日窟と普賢窟の北側にあるのは、毘沙門天が北方の守護神であるからで、「護法窟」とも呼ばれている。ちなみに毘沙門天の別称が「多聞天」なので「多聞窟」と呼ばれる。

窟の石組みに蔦が絡み、どこか陰陰として気味が悪い。以前は岩盤がひさしのように突き出していたというが、大正の初めに崩壊してご神体である窟の一部が

左・普賢窟に埋納されていた銅板法華経（国玉神社寄託・九州国立博物館蔵）
右・銅板法華経が納められていた銅筥（国玉神社寄託・九州国立博物館蔵／写真提供＝共に九州歴史資料館）

大日窟に安置されていた大日如来座像（国玉神社寄託・福岡県求菩提資料館蔵／撮影＝石丸洋氏）

岩岳川の一の渡に落下。いまはその石を抱えこむようにして茶屋が建っている。

### ▼吉祥窟

千手観音が祀られていたので「千手窟」、また法華経の入った経筒（国指定重要文化財）が納められていたので「法華経窟」とも呼ばれる。吉祥天はお隣の毘沙門天のお妃で、いつも二人は一緒という仲の良いカップルなのだ。お妃なのでもちろん陰窟で、女体に見立てた岩壁の割れ目に、法華経の軸の入った経筒がはめ込まれていた。この経筒は明治三十七年に偶然発見され、『築上郡史』に「昔権現影響の瑞を示さん為に加州白山より投玉ふ」とあり、その経筒はこの岩の間に止まったと記されている。

いまは見るかげもない荒れようで、夫の毘沙門天も妻の変わり果てた姿に涙していることだろう。

崖っぷちに並ぶ五窟を歩いていると窟しか見えていないが、実は二〇メートルもの岩壁の裾に立っている自分の小ささを思うと、自然の偉大さにひれ伏してしまいたい謙虚な気持ちになってきた。

線刻に「厳尊」の文字が見える経筒（国玉神社寄託・福岡県求菩提資料館蔵／写真提供＝重松敏美氏）

### ▼阿弥陀窟

五窟最後の窟は、阿弥陀如来と地蔵菩薩を祀る中性の窟である。ここには自然石の表に阿弥陀如来、裏に地蔵菩薩を陽刻した「両面陽刻板碑」（県指定文化財）が祀られていた。これは南北朝から室町初期の作品といわれており、現在は求菩提資料館に展示されている。阿弥陀如来は浄土宗や浄土真宗の本尊とされているが、天台密教である求菩提山に阿弥陀仏が祀られているのは、浄土信仰の強さを表している。

窟のなかには石塔がたくさん置かれ、かつては五十人くらいは入れる大きな窟だったらしい。別名「寂室」といい極楽浄土へ行く入り口でもあった。大日窟から阿弥陀窟まで経を唱えながら、極楽浄土を願い修行していたのだろう。

　国玉神社中宮（護国寺）を中心に、杉谷から右に南谷を通って犬ケ岳口へ。犬ケ岳口の護摩場跡から五窟を巡って中宮の下へ出る、はちまきのように一巡りするこの径を「山内諸堂巡りの径」という。

自然石の表に阿弥陀如来、裏に地蔵菩薩を陽刻した「両面陽刻板碑」（国玉神社寄託・福岡県求菩提資料館蔵／写真提供＝重松敏美氏）

### ▼氷室

すり鉢状の大きな石組みの穴が掘られ、かつて雪を踏み固めて氷を作っていたところだ。求菩提山の七合目ともなるとみそ汁も凍るといわれ、一メートル以上の積雪で閉ざされる寒冷地。雪は豊富にあった。夏場には藩主に氷を献上したり、氷切り鋸で切って村人にも売って歩いていたという。山伏はその帰りに里の商品を買い求めて行く。冷蔵庫のない当時、求菩提山にしかない氷は珍重されたことだろう。

### ▼禊場

五窟から禊場へは北谷の急な斜面をかけ下りる。谷沿いの白いシャガの群生に腰から下を花にとられ、左右の坊跡も花で埋め尽くされている。葉のみどりが映えて白い花がブルーにも黄にも見えた。「夏草や兵共《つわものども》がゆめの跡」の芭蕉の句がよぎる。かつて栄えた一帯がシャガに席巻されている。花のなかをかき分け歩く様は、ふと、あの世への道ではないかと夢境の心地がした。

禊場は高さ七メートルほどの切り立った岩壁の下にある。昭和九（一九三四）年に整備されたという石を切った四角の水槽に、日頃は枯葉を浮かべた水が澱んでいるが、雨が降ると上宮の下から湧き出た水が「獅子の滝」を勢いよく流れ落ちて、禊場に満々と水を張る。山伏はこの滝に打たれて、身を清め禊をしたのだ。かつてはサンショウウオが生息し、薬用に用いていたという。岩の上に置かれた小さな不動明王が、修行する山伏を見守っている。

阿弥陀窟（撮影＝林川英昭氏）

### ▼座主屋敷跡―神護寺

禊場の先に座主屋敷跡の広大な敷地が広がる。かつては神護寺ともいった。面積は一八一二平方メートル（五四八坪）というから、当時の権勢がうかがえる。ちなみに一般坊の一戸当たりの広さは約一二〇平方メートル（三六坪）だから、その十五倍もある。いまは灌木が繁り草が伸び放題で、屋敷の礎石すら見えないが、かつては広い庭に池もあり亀島もあったという。

座主とは一山を束ねる最高権威者である。「求菩提山略記」に「院家院室に次ぐ、準院家上席」とあり、格式が高く強い権限をもっていた。鎌倉時代になると宇都宮氏が田畑を寄進するなどして、一族を送り込むようになった。さらに小倉藩主が小笠原氏になると座主は世襲となり、一五〇石が領された。

屋敷跡から門まで三〇〇メートルの道は石畳が敷かれ、堅固な石垣と杉並木を歩いていると、江戸時代にタイムスリップした気分だ。振り返ると、いまきた道は歴史の彼方に消えていた。

左は杉谷大通りで階段を登れば安浄寺へ、右へ下りると座主園地駐車場へ戻る。

上・吉祥窟
下・禊場（撮影＝共に林川英昭氏）

# 尾根道をゆく

▼次郎坊天狗社

尾根道は豊前―甘木線の道路建設で分断され、「次郎坊天狗橋」で結んでいる。橋の命名は結界石側の背後にある「次郎坊天狗社」からきたもので、小笠原氏が寄進した八天狗を祀っていた。次郎坊天狗とは求菩提山の天狗の総称なのだ。山伏の聖地にはそれぞれに天狗がおり、英彦山は豊前坊、檜原山は太郎坊天狗の名前がある。

　次郎坊天狗社の天狗は山伏姿のくちばしが尖ったカラス天狗で、「火伏せの神」として祀られていた。かつては九月二十日に「次郎坊天狗社火伏祭」が行われていたという。木造の「求菩提山八天狗像」（県指定文化財）は江戸初期の作で、現在は求菩提資料館に展示されている。

　八天狗すべてが揃っているのは全国的にも珍しいという。そのほか全国の大天狗の総大将である愛宕太郎《あたごたろう》坊《ぼう》を中央にした八天狗と、天狗の守護神である毘沙門天と不動明王を描いた「天狗曼荼羅図」の軸も展示されている。

　ちなみに全国の山々に棲む代表的な八天狗とは、愛宕太郎坊（京都）、鞍馬山僧正坊《くらまやまそうじょうぼう》（京都）、比良山次《ひらさんじ》郎坊《ろうぼう》（滋賀）、飯綱三郎《いいづなさぶろう》（長野）、大山伯耆坊《だいせんほうきぼう》（神奈

求菩提山八天狗像。中央は主尊の太郎天（国玉神社寄託・福岡県求菩提資料館蔵／写真提供＝重松敏美氏）

川）、彦山《ひこさん》豊前坊《ぶぜんぼう》（福岡）、大峯《おおみね》前鬼坊《ぜんきぼう》（奈良）、白峯《しらみね》相模坊《さがみぼう》（香川）といわれている。

### ▼祇園会

平成元（一九八九）年に架けられた赤い次郎坊天狗橋を渡り、尾根道をゆく。道幅は二、三メートルと広く、両脇の杉木立も清々しい冷気をかもして、別世界へ誘われていくようだ。ゆったりした平坦な道がつづく。かつて六月十五日の祇園会には役者を呼んで芝居小屋が建ち、踊り車が引き回されて、たいそう賑わったという。芸達者な山伏の三味線、浄瑠璃、義太夫といった芸を見るのを楽しみに、近在の老若男女が集まった。山伏もこの日ばかりは無礼講で、上半身裸で踊り車を回し、日ごろ鍛えた芸を見せてやんやの喝采をうけ、厳しい修行の気晴らしになっていたのだろう。解放された祇園会は、男と女の出会いの場でもあった。山が乱れた幕末には、賭博も開かれていたらしい。

尾根道はいまでいう繁華街で、安政五（一八五八）年ごろには酒屋が三軒、雑貨屋から茶屋まであり、酒や豆腐、味噌など麓から買いに来ていたという。

## ▼山の暮らしと女たち

里の娘たちが憧れる山伏さんだったが、山の女たちはどんな暮らしをしていたのだろうか。「上毛郡覚帳」の延享三（一七四六）年の山の人口をみると、総数六四七人で男三五四人、女二九三人。「求菩提山宗門帳」の慶応三（一八六七）年は総数二五五人で男一二七人・女一二八人となっている。女のなかには母・妻・娘・厄界女（坊で働く下女）が含まれているが、修験道場である山が男ばかりの世界ではなく女も同数いたことがわかる。

求菩提山の女というと、厄界女は外して山伏の母・妻・娘のことだが、「求菩提美人」といわれるように美しく気位も高かったという。眉を剃り落とし、歯はお歯黒で染め、外出するときは紫のお高祖頭巾をかぶり、どちらかというと武家風の装いだったようだ。象牙や貝殻、鼈甲《べっこう》や水晶などあしらった櫛、笄《こうがい》が残されており、かなり高級なものを使った女たちのおしゃれな装いが目に浮かぶ。雪の日は一本歯の高下駄で歩いていたという。これは男も同じで坂道の上り下り歩きによく、雪も挟まりにくいからだ。

求菩提資料館には、坊に残された鼈甲の櫛、笄や紅皿、鏡、半襟など展示されているが、歳月を経たいまも女たちのたしなみと色香が漂ってくる。そして嫁入り道具のひとつに『源氏物語』があったというから、教養も並みではなかったのだろう。

山には寺小屋もあって、子どもの教育に力を注いでいる。麓の人たちは求菩提の女房たちを「ごりょんさん」と呼んでいた。坊には三味線もあり、月を眺めながら爪弾いて、歌のひとつも聞かせていたのだろうか。それはごりょんさんではなく山伏だったかも知れない。抹茶椀もあり、茶の湯も普及していたという。

坊の富裕や格式で一概には論じられないが、求菩提美人というのも、それは目鼻立ちが整っていたというより、武家風の装いや教養や身だしなみ、言葉遣いなど垢抜けた雰囲気があったのだろう。

気位が高い山の人たちは人糞の汲み取りも、第一の鳥居（東の大鳥居）内の人に限らせていたという。いまは汲み取ってもらう方が金を払っているが、昔は農家に肥料として売っていた。といっても幕末になると坊の生活は苦しくなり、プライドだけでは食っていけなくなる。他の農家にも汲ませて金に換えている。

　山の女たちは一見優雅な暮らしに見えるが、山の掟はきびしく、女たちは構門から外へ自由に出ることもかなわず、口出しも一切許されなかったようだ。山内の子どもたちの長髪にも政所の許可が必要で、自由にできなかったという。春は山菜取り、夏は茶摘み、秋は木の実を取り、冬は冬籠もりの準備と忙しく、その間には足袋や脚絆に刺繍を入れたり、風呂敷などの商品を作る。味噌・醤油・豆腐づくりなどの家事一切は当然のことだが、萱葺き用の萱を犬ケ岳の萱切り場で刈ってくるなど、一年中立ち働いている。

　五穀の栽培が許されなかった山では、豆や米など必要な生活物資は、「ヨーゲンさん」「強力《ごうりき》さん」などと呼ばれる麓の人が運び、かわりに山の味噌や醤油などを買って帰ったという。余談だが、入峰のとき、笈に荷物を結んで運ぶ新客山伏を笈掛山伏といい「合力《ごうりき》」と呼ばれていた。それがのちに一般的な荷物持ちの意味になったようだ。

　母胎に回帰して新たな再生を願う陰陽の修験道とお見受けし、さぞや女性を大切にしたのではと思ったのに、実際の生活は封建色がつよく、時代に違わず女性はまるで男の従属物であり、祭事への参加も上宮へ上ることも許されなかったようだ。

　女たちは産み月になると、出産を手伝った経験のある女をひとり

天狗曼荼羅図（福岡県求菩提資料館）

連れて谷ごとにある産所まで降りて、そこで産まなければならなかった。産所といっても何もない掘っ立小屋で、盥《たらい》・湯沸かし・鍋・釜まで持って行った。産後三十五日経つと椎田か明神の海に入って禊をする慣わしだが、遠くて行けない女は近くの川でお清めをして山に戻った。その川がいまの祓川である。

祓川にはお谷淵という深い淵があり、求菩提のお谷という女が、その淵に身投げをしたという言い伝えがある。産後の肥立ちが悪かったのか、山の掟から逃がれようとしたのか定かではないが、産所の近くの自死は気にかかる。

里の娘たちが山の暮らしに憧れ、山伏に恋心を抱いたとしても、山の掟は恋愛結婚を許さず、ほとんど見合い結婚である。幕末から明治十（一八七七）年ごろの妻女の戸籍を見ると、五十九戸中、士族十人、他山四人、一般下郎七人、当山三人、そして圧倒的に多いのが当山修験（坊）から三十人である。

長い間坊から坊の婚姻がくり返されて、ほとんどが姻戚関係となり近親婚に近くなっている。閉ざされた世界のためか、子の優劣が激しかったという。里の娘の入る余地など千に一つの望みもなかったのだ。

## ▼玄冲石子詰め跡

尾根道を行くと北谷を示す標識と、集落の出入口には必ず置いてあったという庚申塔がある。矢印方向に斜面を下りる。湿気の多い杉木立のなかに、玄冲《げんちゅう》が石子詰めで殺されたという場所がある。数個の石がそれらしき形跡を残している。

時に天文年間（一五三二―五五）、玄冲という若い山伏が比叡山で修行し、長旅を終えて求菩提に戻ってきた。京都聖護院で公験《くげん》（山伏の試験制度）に合格し、山伏として免許皆伝書を受けてきたのだ。その免許があれば、山伏の最高位「極臈」に昇格することもできるだろう。意気揚揚と尾根道から北谷へ帰る玄冲は、突然深い穴に落ちた。「しまった！」と思ったときは遅く、バラバラと上から小石が落ちてきて、みるみる体が埋まり身動きができなくなった。エリートの玄冲を妬んだ誰かの悪巧みだったのか。玄冲は「求菩提（の坊屋）が三軒になるまで祟ってやる」と、大声で叫びながら死んでいったという。山では修行に耐えら

上・玄冲石子詰め跡
下・愛宕社の将軍地蔵

れず逃亡したり掟を破った者などにさまざまな刑罰が行われていたが、石子詰めは山伏の処刑のなかでも最もむごく陰湿な刑だった。

毎年夏になると、墓のまわりを「玄冲ぼたる」と呼ばれる亡霊のようなホタルが飛び、また、山中に咲く薊の紅紫色は玄冲の血の色だと怖れられていた。玄冲の死後、山には不吉なことばかり起こり、玄冲の祟りだと山伏たちは気味悪がったという。

明治以降山は急速に衰退し、昭和三十（一九五五）年には三軒の坊屋が残るだけになった。玄冲の叫びが聞こえてくるようで、背筋がゾクッとする。「玄冲坂で転ぶと三年以内に死ぬ」など言い伝えもあり、石子詰め跡には誰も近寄らなかったようだ。

現在でも、山中にまだ呪いが残っていると、山伏の末裔によって昭和五十四（一九七九）年と平成五（一九九三）年に供養祭を行なっている。杉林のなかに幔幕を張り、一〇八本のローソクを灯し、法螺貝の音と読経の声が玄冲に届けとばかりに響き渡ったという。最後の一坊である滝蔵坊が平成十三年に山を降り、坊はすべて姿を消した。

高い杉木立は陽光をさえぎり、足元の落葉がジメジメと濡れている。いかにも陰湿なストーリーが生まれそうなロケーションだ。玄冲の死後「草一本生えない」と呪われた斜面だが、矢竹が繁り栗が実をつけ、イガが侵入者の足を刺す。

### ▼愛宕社

杉の落葉が何層にも重なった北谷から、尾根道に引き返す。先へ進むと道は二つに分かれ、そのまま行けば杉谷の岩屋坊へ。左折すれば納経所、西谷、下谷方面へ。

西谷へ下りる途中に愛宕社がある。狭い境内には、慶長六（一六〇一）年に武運長久を願って細川氏が寄進した五尺四方の神殿があり、馬に乗った将軍地蔵が安置されている。鎌倉以降の作で、宇佐神宮の仁王像を修理した求菩提の仏師・玄海の作といわれている。しかし、愛宕社はもともと鎮火・防災の神である。

神社正面の狭くて急な階段を下りると中谷で、平成十三年まで山伏の末裔が住んでいた滝蔵坊がある。無人の坊の入り口には沈丁花が咲き、芳しい匂いに包まれていた。この坊から明和元（一七六四）年の銘が入った「求菩提山絵図」の版木が見つかっている。

滝蔵坊の前を進んで行くと中宮へ出るが、再び尾根道へ引き返す。

### ▼山伏の墓

尾根道をそのまま南へ行くと、前方に異様な光景が広がってくる。道の両側におびただしい数の墓標が、倒れたり壊れたり、またはかろうじて立っていたり、まるで墓の墓場である。これらは山で亡くなった山伏の墓で、風雨にさらされ消えかかった墓碑銘から天保七（一八三六）年や文化三（一八〇六）年の文字が読める。墓群を背にして死界の案内役といわれる六地蔵が墓を守っており、享保四（一七一九）年の銘がある。

山伏でも、成仏できない何かがあるのだろう。その彷徨う魂が「鬼」となったのかもしれない。霊感の強い人は、この道は通れないという話を聞いた。つい最近も山伏がやってきて「どげんかせんかのう、求菩提は身の毛がよだつぞう」と眉をよせ、早く霊を鎮めてやれと言ったそうだ。

求菩提山の行事の一つに、七月十六日の「万灯会《まんどうえ》」があった。夜、山伏の墓地で死者の霊を弔ったあと、妻や子どもも参加して松明を持ち、尾根道を北の万灯場（つえとり仏の辺り）に向かってねり歩く。万灯場に着くと松明を焼き、盆踊りをしていたそうだ

〽白い浴衣に
〈ナームへーヘンヤレ〉
　南無妙と書いて　南無妙法蓮華経と後生願い

山伏の墓（左）と六地蔵（右）

〈アリャサ、コリャサ、ヨイヨイ〉
（万灯会で唄われる法華経踊り唄）

夏の夜に麓から見ると、山の中腹で松明の灯りが木の間がくれにゆらゆら動くさまは、美しくも妖しい光景だったろう。

オドロオドロしいこの地に似合わず、このあたり一帯を紅葉谷という。初代小倉城主小笠原忠真公の三・四メートルの供養碑を別格に、元禄五（一六九二）年から世襲となった小笠原家代々の座主の墓が並んでいる。最後の七代座主は三好久弥麿と改め国玉神社の神官となるが、明治の仏教排斥の嵐に翻弄され、明治三十三（一九〇〇）年に山で亡くなったが、いまだ卒塔婆のままである。

### ▼南谷

さらに南へ。ウグイスの囀りが青い空を渡る。修験道では、ウグイスは山の神の使者といわれる。「ホーホケキョ（法華経）」と鳴くからだろうか。山藤が深いみどりに彩りをそえ、梢には楤木《たらのき》の実が輝いている。修験道場として栄えた山の歴史も、ゆったりとした時間のなかでまどろんでいるようだった。

尾根道から南谷の矢印にそって急斜面を駆け下りた。右手は切り立つ崖、杉木立は奥へとつづき、気温が二、三度下がったような冷気が漂ってくる。

奥まった一遇に南谷の坊跡があった。南谷は山伏代・修行代と呼ばれた智性坊がいたところだ。雑草のなかに「観音一万体、普聞品石君」と読める一字一石塔が転がっていた。坊の礎石が数個あり、中心に「十」の印が刻まれている。焚火の痕跡の残る石囲いは掘り炬燵のあったところらしく、調査のときにキセルの頭が落ちていたという。生身の人間の気配がする。

坊跡を通り抜けた帰りの道は、苔生した石、風倒木、生い茂った蔓など、南谷とは名ばかりで寒々としている。断崖に沿って廻り込みながら山を下ると、南谷を一周したのか元の標識の所に戻っていた。

### ▼乳呑み峠

次郎坊天狗橋から国見山へ向かって北の尾根道を歩くと、十分くらいで「乳呑み峠」に出る。峠から下る坂を「乳呑み坂」といい、そのまま下れば築上町寒田《さわだ》の「寒田八丁口」である。求菩提七口の一つで、小倉からの登り口になっている。

求菩提には哀しい話が多いという。例えば、何者かに斬り殺されたお秋の話や、石子詰めで殺された玄冲、そしてこの乳呑み坂に伝わる話などである。

昔、求菩提で修行している夫に会うため、女は赤ん坊を背負って寒田からこの坂を登っていた。お腹を空かせた赤ん坊は、乳を欲しがって泣いている。女はこの坂を登ったらお乳をやるからとあやしながら、急な坂をあえぎあえぎ登っていた。そのうち赤ん坊は泣き疲れたのか、静かに眠ってしまった。峠に着いた母親が背中から下ろすと、赤ん坊は空腹のため息絶えていた。哀れな親子を不憫に思った里人は、天明二（一七八二）年に「乳呑み地蔵」を祀って供養したという。

また、乳呑み坂を登るとき、急に空腹と疲労に襲われて、動けなくなることがあるという。里の人は「ヒダルガミ」が憑いたと言っている。そのときは弁当の残りをヒダルガミにやるか、掌に米の字を書いて舐めるとよくなるという言い伝えがある。

『築城町の史蹟と伝説　第二集』（築城町史跡調査委員会編、築城町教育委員会発行）によると、この峠にはいくつもの名前があった。中津城で殺された宇都宮鎮房が黒田の謀略に気づかずこの山を越えるとき、馬がたたらを踏んで前に進まず「血の涙を流した坂」。また、それに関連して鎮房が討たれたことを寒田の大平城へ報せるために血だるまの一武者が越えたという「血ぞめ坂」などなどである。いずれにしても愉快な話ではない。

つえとり仏

▼玄沖の碑

乳呑み峠の国見山寄りに、北谷で石子詰めで殺された玄沖の供養碑がある。裏面に「奥城」とあり、墓として建てられたものだろうか。玄沖を殺害して以来、山には不吉なことが起こり、まして予言どおりに坊が三軒まで衰退すると、豪胆な山伏といえど怨念ではないかと空恐ろしくなってくる。成仏できずにいる玄沖の霊を慰めるために建立されたのだろう。

年代は不明だが、碑の前に立つと気のせいか足元に冷気が忍び寄る。ナムアミダブツ。

▼つえとり仏

玄沖の供養碑と並んで「つえとり仏」が祀ってある。風化がひどく仏様のお顔が判別できない。寒田から急な坂道を登ってきた村人は、峠に立つとヤレヤレと足を止めて一息入れるのだ。ここまで来ればあとは下り坂。もう杖はいらないと、ここへ置いて行ったという。杖のおかげで登って来れたことに感謝し、杖も休ませてやりたかったのだろう。いつからともなくつえとり仏と言われている。

このつえとり仏は天明三（一七八三）年の建立とある。年代からして飢饉で亡くなった人の供養仏ではないかと思われる。長雨や旱魃で稲が腐り土が腐り疫病が蔓延し、道端にゴロゴロと餓死者が転がっていたという時代のものだ。

江戸三大飢饉といわれる、享保の飢饉（享保十七〈一七三二〉年）、天明の飢饉（天明三〈一七八三〉年）、天保の飢饉（天保三〈一八三二〉年）は五十年周期でおとずれ、残された者は為す術もなく、ただ塚や塔を建てて冥福を祈るしかなかった。村のあちこちに建立された塔や碑、また寺社に寄進されたそれらの年代を見ると、飢饉や疫病が流行したときと重なることが多い。

芭蕉が詠んだ句が彫られた芭蕉塚

### ▼芭蕉塚

乳呑み峠から寒田に向かって乳呑み坂の急斜面を下りる。まさに膝が笑う状態で、勢いがつくと止まらない。やっと杉木立が途切れ、ほっかりとした空間で足が止まった。五本の江戸山桜に囲まれて「芭蕉塚」がある。裾の広い石で、まるで座っているように見える。天明三（一七八三）年、芭蕉の没後九十年を記念して建てられた。

　　このもとに汁も鱠もさくらかな

芭蕉が元禄三（一六九〇）年に伊賀上野で詠んだ句で、自然石に彫られた碑は山の斜面にゆったりとまどろんでいた。春になると山桜は美しい花を咲かせ、芭蕉塚を艶やかに彩ることだろう。それまで一眠りしようか、と言っているようだった。

### ▼夜這い道

乳呑み坂は、別名「夜這い道」とも呼ばれている。乳呑み峠から寒田まで歩いて一時間ほどで着く。求菩提山の松会や祇園会には、麓の村人はこの道を登ってやって来る。鳥井畑と寒田の若者はそこで出会い、恋に落ちた。若者たちは恋しい人に一目逢いたさに、月明かりをたよりに息を切らせて歩いた道だった。山伏と村の娘の切ない恋の、逢瀬の道でもあった。

江戸桜の咲く山道を、逢いたさ見たさの一心で歩く若者の、熱い息づかいが聞こえてくるようだ。尾根に引き返す戻りの坂はきつかったが、山伏さん恋しの私にとって、ロマン成就の試練と思えば流す汗もピンク色ではないか。

夜這いの結果かどうかは知らないが、鳥井畑と寒田はいまも姻戚関係者が多いらしい。

# 犬ケ岳の求菩提六峰末寺

### ▼耶馬渓から犬ケ岳へ

国道一〇号線を耶馬渓に向けて車をひたすら走らせる。遠く英彦山に連なる山々が、さまざまに個性的な美しい姿を見せてくれる。英彦山、蔵持山《くらもちやま》（四七二m）、犬ケ岳、そして求菩提山と、まるで北部九州をかき抱くように山脈は連なっている。英彦山は別名「日子山」と呼ばれ、「天照大命の子」の名をいただく山。蔵持山は山頂が鞍の形に似ていることから鞍掛山とも呼ばれ、ふもとには鐙畑《あぶみはた》という地名が残っている。

豊前の修験道場では唯一寺を残している正平寺

犬ケ岳は「異奴岳」とも「因果岳」ともいわれており、求菩提山の窟や寺社は、そのほとんどが犬ケ岳を拝するように造られている。求菩提山から両界山と呼ばれる経読岳へとつづき、檜原山の奥宮である八面山から、頼厳上人の眠る稲積山《いなづみやま》（四〇六m）、そして宇佐神宮の元宮という御許山《おもとやま》（六四七m）へ、さらに国東へとつながって周防灘へ落ちる。

国道二一二号線を山国川に沿って走れば紅葉の名所耶馬渓。禅海和尚が三十年の長い歳月をかけて、鑿《のみ》と槌《つち》だけで掘り進んだ「青の洞門」を通り、柿坂付近より県道二号線へ右折。檜原山を横目に見ながら、犬ケ岳から流れ出た津民川を上流へと走って行く。

### ▼檜原山正平寺（中津市耶馬溪町中畑）

檜原山は求菩提六峰の一つ松尾山の末寺で、最盛期には三十六の坊があり、豊前の山岳仏教修験道場のな

仏事として残る正平寺のお田植式「松役」、「クロ（畦）切り」の場面

かでは唯一寺を現存している山である。ほかの山は明治の神仏分離令で神社に変えてしまった。檜原山の中腹に天台宗の正平寺がある。山頂の巨石群は求菩提山を彷彿とさせ、いまも巨石を崇め祀りごとが行われている。近くには役行者が葛城山から持ってきて植えたという「千本桂」が残っている。

毎年四月第二日曜には五穀豊穣を祈る「松役《まつやく》」と呼ばれるお田植式が行われる。求菩提山の御田植祭は神事だが、檜原山は仏事として残っている。数年前に見たお田植式は「水止め」「田打ち」と続き「しろかき」では、言うことをきかない牛にてこずるひょうきんさ。「クロ（畦）切り」では、田に着くのが早すぎたので夜明けまで一眠りをし、目覚めてやおら身だしなみを整える女の所作がおもしろく笑ってしまった。

### ▼長岩城址（耶馬溪町川原口）

津民川に沿って走っていると、左手川向こうの扇山（五九一m）に、「長岩城址」がある。宇都宮信房の弟・野仲重房の居城で、城井城に劣らぬ奇岩絶壁の要塞だった。建久九（一一九八）年の築城で、頂上には石組みの砲座がいまも残っている。天正十六（一五八八）年四月五日、中津城主となった黒田長政に反旗を翻したために黒田氏に攻め込まれ、三日三晩の激戦の末、城主野仲鎮兼は敗れ自害し果てた。

ところで敵軍の黒田孝高の家臣で黒田二十四騎の一人である後藤基次（又兵衛）の墓が、意外にもこの町内にあると知った。大坂夏の陣で秀頼側についた又兵衛は、そのときに討ち死にしたとされているが、大坂城落城前に九州へ落ちのびたというのだ。途中愛妾お豊を頼って現在の耶馬溪町へ隠れ二人で暮らしていたが、秀頼の死を知って自刃し、町内の伊福に眠っているという。敵も味方もいまはこの地に眠る。耶馬渓の紅葉の美しさは、哀しい歴史を秘めて彩られているようだった。

## ▼栗山大膳と白米城（耶馬溪町平田）

長岩城といえば、耶馬渓は山国川沿いに「白米城《まつたけ》」がある。もと野仲重房の居城だったが、後に扇山に長岩城を築いて重房は移っていく。天正十六（一五八八）年に黒田長政勢とともに長岩城を攻め、落城させた功績で白米城をもらいうけたのが、黒田騒動で有名な栗山大膳の父である。

つまり白米城は、栗山大膳の生まれ育ったところなのだ。

## ▼宝勝山長福寺

戦国の歴史に彩られた町を通り過ぎ、犬ケ岳の大分側登山口に着いた。南面には長福寺と吉祥寺の二つの石窟寺がある。標高五〇〇メートル地点からいよいよ出発。まず宝勝山長福寺へ歩け歩けだ。位置も所要時間もまったく予備知識がなく、ただ案内人である求菩提資料館（当時）の林川英昭氏に従うだけだ。

だが、自分の軽率さをすぐに思い知らされた。齢も若くその上登山で鍛えられた案内人は、登山靴にヤッケ、水筒と標高計、幹の太さや窟の広さを測るメジャーなど持った完全装備。私といえば日ごろのグータラ生活で足腰は衰え、ズックを履いた軽装。水筒はリュックのなかにしまい込み、杖さえもない。目の前はひたすら上りの坂道で、日陰も平地もない。歩くこと一時間、ほとんどへたった私は谷川の流れももはや耳に入らず、目的地を目の前にしているのにあと一歩が登れないテイタラク……。

長福寺跡は標高九〇〇メートル地点にあった。大杉が林立したなかに石垣が組まれ、一段上の岩壁に洞窟がある。調査では虚空蔵菩薩を祀っていたとある。間

長福寺（撮影＝林川英昭氏）

口は約二〇メートル、高さ四メートル、奥行一五メートル。

およそ一四〇〇年前に正覚上人が開き、のちに檜原山正平寺を建立して移っている。洞窟の奥は岩からしたたる水に濡れ、苔が青黒く密生している。発掘時、骨壺が納められていたという。窟の前には老杉が天を突くようにそびえ、幹まわりも五メートル以上もあった。記録では老杉は三本とあるが、歳月の流れにどの杉も大きく育ち判別が難しくなってしまった。

洞窟に立っていると、木々のざわめきや風の動き、そして刻々と変わる空模様が、体に染みるように伝わってくる。夜は真の闇となり魑魅魍魎《ちみもうりょう》が跋扈《ばっこ》するかもしれない。臆病者の私は想像するだけで耐えられない。

ここで一人で修行すれば、どんな精神状態になるのだろうか。孤独と恐怖、そして刻々と変わる自然との戦いだろうか。野に伏し山に伏して験を得るという山伏の、山修行の厳しさをほんの一瞬垣間見た思いがした。

### ▼岩上山吉祥寺

犬ケ岳南面には、同じく求菩提六峰の一つであった岩上山吉祥寺がある。長福寺で弁当を食べ、せっかくだから午後から行くことにした。ここまで登ってきたのだからという、「ついでに」の気持ちが強かった。

しかし、それが大きな間違いだったと気づいたがあとの祭り。なんとあれほど苦労して登った道を登山口まで引き返し、違う峰へ登るというのだ。気を取り直して振り出しに戻ることになった。

岩上山というだけあって、吉祥寺の道はさらに厳しかった。道は一歩の休みも許さないかのように、急斜面がつづく。喘ぐ私を山鳥が小首を傾げて不思議そうに見ていたが、呆れ果てたのか軽快な足どりで沢を渡り山のなかへ消えていった。

道脇に登山者の名前を記すノートが置かれている場

石窟寺とも呼ばれる吉祥寺（撮影＝林川英昭氏）

所から、登山道をそれて山へ入る。杉の根元を足場にして、一歩一歩登っていく。登るというより体を押し上げるだけ。杉の落葉が深く積もり、踏みしめる音だけが静寂の山にこだましていた。

もうダメ！と精も根も尽き果てたとき、吉祥寺が見えた。あと二、三メートル、手を伸ばせば届きそうなところまで来たが、安心したのか急に足が動かなくなった。背中のリュックがやたら重く、羽交いじめにされているようで苦しい！一メートルほどの崖を這い上がり、窟に辿り着いた途端、体から力が抜けてへたりこんでしまった。

修行とはいえよくこんな所まで来たものだ、と感心していると、「祭りのときなど麓の村の人たちは、ここを越えて求菩提へ来ていたんですよ」と笑われてしまった。昔の人は足腰が鍛えられていただけでなく、雲の動き、また山の木の特性を知るなど、自然と仲良くする力もあったのだろう。車のない時代の方が精神が自由に行動していたように思える。

吉祥寺は標高八七〇メートルのところにあり、屹立した岩壁に二つの窟が並び「石窟寺」とも呼ばれている。毘沙門天を祀るが、この吉祥寺の窟の壁には割れ目と陰刻があり、窟そのものが吉祥天とみなされていたようだ。そこに毘沙門天を祀ることで陰陽和合となると考えられていたのだろう。大きい方で間口は一〇メートル、高さ三メートル、奥行四メートル。岩壁を左へ回り込んだ小ぶりの窟のなかには「左の岩壁に、縦二メートルからなる女陰を彫りこんでいる。その女陰中央から水が湧き出ている」と重松先生の報告書にあり期待していたが、どんなに目をこらしても何も見えず残念だった。

吉祥寺石窟の斜面右下方にも天地を分かつような大岩があり、その根元にも窟があるようだ。太古の地球の荒々しさを見るような溶岩の巨石群。噴火は巨石を吹き上げて山を造り、谷を造って躍動をつづけていたことだろう。自然の偉大なる力は岩の至るところに凹凸を作った。どんな文明の利器を持ってしても造ることが困難な、自然の荒々しさを刻みバランスを保っている。人はただ、自然の力の前では無力でしかない。

### ▼なぞの鬼面洞窟

修験者たちは山から山へ窟を巡って修行しているが、求菩提の一〇〇を超えるといわれる窟のうち、まだまだ明らかにされていないものがたくさんあるという。なかでも興味をひくのは犬ケ岳の甕ノ尾の裏あたりにあるという「鬼面洞窟」だ。

鬼面洞窟については、以前からその名前とおおよその場所はわかっていたのだが、実際に行こうとするとこれがなかなか辿り着くことができなかった。ある日、村の人が松茸取りに行き、道に迷い、葛で断崖を下りている途中に窟を見つけた。そして窟のなかを見て仰天した。黄金色に光る仏像や曰くあり気な仏具など、山をなして放り込まれているではないか。まるで宝の山を見つけたようだったという。日も暮れてきたので、明日出直そうと目印のため枝々にひもを結んでそのまま下山した（鉈《なた》で幹に印との説もある）。

ところが翌朝、山へ入ってみると窟どころか、結んだはずのひも一本見当らなかったという。その村人の話から位置関係を考えると、おそらくそこが鬼面洞窟だろうというのだ。その話を聞いた村の人たちは、目撃者の記憶を頼りに何度も何人も窟を探しに行ったのだが、現在まで見つけることができないままだ。

ひょっとしたら明治の廃仏毀釈のとき、寺の仏像仏具を窟に隠していたのではなかろうかと誰もが期待し、その後も探索は続いている。もし発見されれば国宝級のものがあるかも知れない。いまも興味が尽きない幻の鬼面洞窟なのだ。

そのほかにも求菩提山には幻の窟は多く伝えられている。人の絶えた窟は長い年月をかけて土砂に埋まり、風化したり獣や蝮の棲になっていたり、樹木に覆われて近づけなかったり、神秘のベールに包まれたままになっている。

# つり鐘窟から窟めぐり

### ▼つり鐘窟

県道三二号線篠瀬の遥拝所を過ぎて、大平村と結ぶ豊築線に沿って岩岳川に架る若山橋を渡ると、すぐに右へ入る林道がある。その道を行くと谷間に出るが、まずは手前の山の「つり鐘窟」へ向かう。

巨石が点在する急斜面を登るが、踏むとゴロゴロ転がる石に足を取られたり、放置された風倒木が縦横に重なり合って、行く手を阻む。跨いだり潜ったり、一足一足に力が入る。呼吸が乱れてきたころ、谷をへだてた向かいの岩壁に窟が見えた。といっても杉林が邪魔をして、窟の形がよくわからない。

さらに登って谷を渡り岩壁をまわり込むと、目線の上に窟があった。まるで天の岩戸のように岩壁をえぐっている。足元にハシゴが置いてあるが、だれかが窟へ入るためのものだろう。窟まで一五〇センチほどあり、男性が飛びついて足をかけるとやっと入れる高さである。窟は結構広く立って歩けるが、なかには何もなかった。

宙に浮いたような窟だからつり鐘窟なのか。窟から見える麓の集落は、かつて山伏の妻たちが出産のために下りた産屋《うぶや》（産所）のあった所で、現在も産家《さんげ》という地名が残っている。

## ▼弁財天窟群

つり鐘窟から谷間まで引き返し、砂防ダムに沿って少し進み、護岸工事を施したコンクリートの上を渡って山に入る。巨石があちこちに屹立し、どこに窟があってもおかしくない地形だ。

足元の石に注意をとられていたら、突然二つの大きな岩の間に出た。片方の窟のある岩壁は断崖に張り出し、窟はまるで宙に浮いているようだ。弁財天を祀った「弁財天石窟」だ。恐々と窟に入ると、足元は深い断崖絶壁。ふっと飛んでみたくなった。天狗のうちわが欲しい！　前方に求菩提山が見える。

かつては杉の植樹もしておらず、山伏たちは窟から火の浦を眺め、求菩提を拝して祈りを捧げていたのだろう。弁財天窟は陰窟で、向き合った岩壁の上に立つ長い岩が陽石だと重松先生は言われていた。しかし私が行ったときには杉林が覆い隠して陽石どころか山頂も見えず残念無念。冬場は木の葉が落ちるので見えるようになるそうだ。

弁財天石窟の周辺には窟が点在し「弁財天窟群」と呼ばれるが、一つひとつの窟も定かではなくなった。窟の上には大きな松の木があり「天狗の松」と呼ばれ、山伏の目印になっていた。「天狗の木にさわると腹が痛む」と言い伝えがあり、村人は近寄らなかったという。林立する杉は目印の松どころか、窟の存在すら隠してしまっている。

上・求菩提山の公共駐車場からみたつり鐘窟群
下・弁財天石窟と向き合った岩の上の陽石（撮影＝共に林川英昭氏）

火追い窟（写真提供＝重松敏美氏）

▼火追い窟

求菩提資料館からキャンプ場を抜けると竜門谷で、右が不動窟のある山、左へ行くと「火追い窟」がある。現在の登山は「今様修験の名残り」というが、本当にそうだ。きつさを通り越し、無心に足を上げることしか考えなくなる。「火追い窟」は、張り出した岩壁に間口二〇メートルはある長くへこんだ窟と、突端に丸く輪になった自然の洞門がある。ヒバコ神が祀られていたという窟で、火の神様という。「ヒバコ」とは炉の底にする「火箱」のことだろうか。

思いがけない自然の造形に出合うと、楽しくなってくる。火追い窟もその一つで、山の上に茅の輪くぐりの火炎の輪のような洞門がぽっかりと口をあけている。丸い門はあの世とこの世の境界かもしれない。

ここは長い窟の方が陽を表し、洞門が陰を表わしており、この二つの窟で陰と陽がセットになっている。洞門を抜けて山の端に立つと、求菩提山と犬ケ岳が見え、二つの山の尾根がつながっているのがよくわかる。求菩提山の護摩場跡から尾根づたいに行くと、およそ三時間で犬ケ岳に着くという。茅の輪の洞門から下っていくと、涼しげな山水の流れに出合った。口をすすぎ手を洗うと、疲れが嘘のように消え、吹く風も心地よく感じ生き返るのは、今様修験で心を清めたせいだろうか。下るとキャンプ場の水洗い場に出た。

▼不動窟

不動窟はキャンプ場の上、竜門谷にある。山は整備され、登り口の案内も出ている。階段状に作った斜面を登ると、平らな尾根道に出た。突端が「ホラ吹き岩」だ。初めてここへ登ったとき、腹にたまったストレスを発散させる場所、とばかり早とちりしていた。「王様の耳はロバの耳」と、なぜか重ねていたのだ。

鎌倉時代の作といわれる石塔が建つ不動窟

「ホラ」は法螺貝の「ほら」、合図のため法螺を吹いた岩である。向かいの火追い窟やつり鐘窟、弁財天石窟などで修行している山伏に合図を送っていたのだろう。一〇〇を超える求菩提山寺域の窟に、その音は峰々にこだまして響き渡り、山伏の耳に届いていたことだろう。それらの窟もいまは茂る杉のため位置さえ定かではないが、平安・鎌倉のころはここから一望できたにちがいない。

「不動窟」は数ある窟のなかでも王者である。一〇メートルはあるアーチ様の不動門をもち、その彼方に大きく刳りぬかれた一八メートルもある自然窟が横顔を見せる。高さ奥行きおよそ三メートル。岩盤がひさしのように突出し、妖しい影を落としている。鎌倉時代の作という三重の塔が、しなやかな美しい姿で立っていた。しかし目を足元に投じると、断崖の上に立っている自分に気づいて足が震えてくるのだ。深い谷は何ものも寄せつけず、まるで捨身懺悔行の境地になってしまった。

窟の背後から陽が昇り、谷側の西へ向かって陽が落ちると、三重の石塔がシルエットになり、神々しい神秘的な雰囲気に満ちてくる。夜の帳が降りると、この世とあの世の目に見えないものたちが姿を現す、異次元の世界の舞台装置ではあるまいか。一晩ここで過ごすだけで、人生観が変わるかもしれない。そんな厳粛な気持ちにさせられた。

いまでも時どき山伏がきて修行している姿を見かけるという。最近も数人の山伏が夜も交替で般若心経一千巻を奉納し、最後に線香護摩を焚いたそうだ。山のように束ねた線香の煙は窟を覆って谷へ広がり、まるで「山火事のようにすごい煙だった」という。

求菩提山の杉木立（撮影＝林川英昭氏）

# 求菩提山の修験と人々

## ▼自然崇拝と修験道

「日本には宗教がない」「日本人には宗教心がない」と言われる。たしかに宗教の対立で戦争するほど憎みあったり、聖書の一節を口誦して十字を切ったりというように、生き方を左右するほどの宗教心はないかもしれない。なかには自分の家の宗派を知らない人もいるだろう。

結婚は神前で三三九度の盃をして、葬式はお寺でする。一、三、五、七、九の五節句は中国の道教を取り入れ、クリスマスにはキリストの誕生を祝っている。大晦日はお寺の鐘をついて煩悩を払い、正月は三社詣りをして一年の幸を祈願し、何の抵抗もなくすべて生活のなかに取り入れている。一見、節操がないかに見えるけれど、本来、日本人は平和性をもった「神仏習合」の民なのだ。神仏を折り合わせて独特の生活文化を生み出してきた。それは修験道の影響が大きいと私は思う。

私も分類すれば無神論者の側の人間だが、神を畏れる心は持っている。神社仏閣に行けば当たり前のように手を合わせ、神仏に関係するものは決して足で踏みつけたり、ゴミ箱にポイと捨てることはない。日本には絶対的な神はいないが、そこかしこに神は宿り、八《や》百万《およろず》の神がおられる。人が死ぬと成仏といって仏になるから、仏さまもどんどん増えていく。

畏敬の心は神仏だけではない。樹齢何百年という古木に出合ったときや、寄せては返す悠久の海に立ったとき、そして無心に咲く花々を見たときなど、粛粛とした畏れを感じて敬虔な気持ちになるのだ。だれに教わったわけでもないのに、この無意識の「畏れ」は、どこからきているのだろうか。

かつて私たちは、あるがままの自然を、自然現象も含めて、神のなせるわざと考え受け入れてきた。自然から得る様々なもの、空気や風、水や太陽、樹木の実りなど、感謝の気持ちをもって頂戴し、決して人間の所有物とはせずに「天の恵み」として受け取っていた。

　そして台風や地震、噴火といった防ぐ術のないものは、じっと身をひそめて時の過ぎるのを待ち、ひたすら神に祈っていた。人間が支配できないもの、命を育んでくれるもの、恵みを与えてくれるものすべてに、人知を超えた神の存在を見ていたのだ。それら神の宿るものに対する畏れ、また感謝の気持ちを表したい、という考えが人間の、ひいては組織体の規律（モラル）となり、丁重に「祀る」という意識が生まれてくる。神社の起こりである。祀りごとを通して自然と人間集団の、共同体意識が培われていったのだと思う。

　神は天におわしましたり、教典のなかに見るのではなく、日々の暮らしのなかにあり畏敬の心にあるといっていいだろう。古《いにしえ》から山や岩、森や巨木、川や滝などには神が降り立つと考えられ、そんな自然崇拝を背景に神道が生まれてきた。

　「畏敬」を『漢和辞典』（旺文社）で引くと「おそれおののく」「かしこみおそれる」「おそれはばかる」などがあるが、意味を拾っていておどろいた。「畏」の解字は、⿱甶儿（鬼）が⺊（棒）を手にして打ち、おどす意とあった。ひょっとしたら日本人の宗教心とは鬼の存在をつくり、畏怖する心を植えつけたことに発したのだろうか。

　では鬼とは。ついでだから先の辞典によると、「人が大きなお面を被って死者

求菩提山の女神座像（国玉神社寄託・福岡県求菩提資料館蔵／写真提供＝重松敏美氏）

に扮するさまで、霊魂の意」があるという。つまり祖先の霊、死者の魂と解していい。いま私たちが想像する角があって牙があり金棒を持つ鬼ではない。「隠《おに》」である。

これを整理すると、日本人の宗教心とは、祖霊崇拝ということになるのではないか。かつて人々は、死ねば魂は山へ行き、残された者たちを見守っているのだという考えがあった。稲作が入ってきてからは、祖霊は春に里に降りてきて田の神様になり、秋の収穫を見てまた山へ帰ると信じられていた。農耕を営む人々にとって、水を生み支配する山はもっとも崇高なもので、水分神として畏敬の念をもってお祀りしていた。豊かな実りの年になるか、はたまた長雨や旱魃などの凶事をもたらすのか、カギは山が握っていたのだ。

山は水を生むだけでなく先祖の霊が行く冥府のような場所であり、あらゆる神が共に棲む神域でもあった。崇拝と畏れ、民衆の祈りを伴って自然発生的に「山岳信仰」が生まれてきた。

そしていつとはなしに、人知を超えた自然の力を会得するために山に入り、肉体を極限までに追い込み山と一体化して、修行する人たちが出てきた。求菩提山も卜仙伝説が生まれた継体二十（五二六）年以前の須恵器などが発掘されており、五世紀には人が入っていたことがわかっている。

里の人たちは山で修行する人たちのことを「山岳修験者」として崇め、山に伏し野に伏して修行するところから「山伏（臥）」と呼ぶようになった。山岳修験者は里人と神とを結ぶ存在とみなされていた。

修験道の魅力は何といっても、自然に対峙する厳しさ謙虚さにあると思う。自分を空にして、身を委ね、自然のもつ力をいただくという強さ。自然を敬い自然と共存するアニミズムの精神が修験道の基本だと言っていい。山岳修験者にとって大自然こそが仏のふところであり、山そのものが修験根本道場だった。

自然発生的に生まれた山岳信仰をベースに日本古来の神々が共存し、さらにその後日本に渡ってきた道教や密教が加わり、修験道は形づくられていったのだ。

例えば道教では、その究極の目標は不老不死である。そのためにつぎの五つの養生法を中心に行った。

女神座像と男神座像（国玉神社寄託・福岡県求菩提資料館蔵／写真提供＝重松敏美氏）

一、辟穀《へきこく》――穀物を食べず、草根木皮を食する。
二、服餌《ふくじ》――種々の仙薬を作り服用する。のちに金が不老長寿の薬となる。
三、調息《ちょうそく》――息を整える。
四、道引――自己按摩で、太極拳に連なる。
五、房中――男女の相愛術。

五つの養生法を見ると修験道の始祖とされる役行者のイメージと重なってくる。修験者というよりも、いわゆる仙人と呼ばれる人たちに近い。

いま修験道が見直されているという。科学万能神話がほころび始め、自然のもつエネルギーに目が向けられてきた。「山から気をもらう」と森林浴が盛んに行われているのもその一つだろう。精気がみなぎると「元気」といい、気が正常ではなく弱ってくると「病気」とわかりやすい。

人間が本来持っている精神力や肉体の力、自然治癒力などその力の回復を願い、人間と自然が調和した、原始の人々のたくましい知恵を学ぼうとしているのだ。

## ▼愛しい恋しい山伏さま

求菩提の山伏が遺したもののなかでも、とくに異彩を放っているのが「恋文」である。私は求菩提資料館に展示されている恋文を読み、それまでの禁欲的な修験者のイメージが変わり、一人の男としての山伏に興味をもった。

考えてみれば若い男たちが社会と隔絶して、朝夕肉体を鍛え、知識を蓄え、日々精進しても、男としてのエネルギーは消滅したりはしない。いや逆に肉体を鍛えるほど欲望は強まるのではないだろうか。久米の仙人でも行水する女性の脛の白さを見て、空からおっこちたではないか。いくら心頭滅却したところで、一目見ても顔が赤らむというリアルな女陰相の岩の割れ目の前で、向き合い、何日も籠もり、語りかけていれば、よからぬ妄想が横切ったり心が乱れてもおかしくない。

真言宗の高野山では、心が乱れて修行の妨げになると「女人禁制」だったが、天台宗は早くに妻帯を許している。求菩提も天台宗の修験道場であり、妻帯を許していた。

医者のいない山村では山伏の秘事秘薬が代わりを務め、さまざまな災厄については加持祈禱を行うことも多かった。祈禱は室内で一対一になる。体（患部）に触ることもあるだろう。護摩を焚けば酸欠状態になり、意識が朦朧となってくる。罌粟《けし》を焚いたとも言われ、室内の祈禱は催眠術のようなものでもあったという。

いろいろな要因が重なって憎からず思う相手であれば、男と女の関係になっても不思議はない。相談するということは、秘密を打ち明けることでもあり、心を開いた女と親密な関係を作ることは造作もないことだ。また山伏も女性の美しい肉体を触るうちに、欲望がおさえられずに間違いを犯す、ということもあったろう。

山伏には、どこかいかがわしさが臭う。危険な香りが漂っているのだ。「近寄らない方がいいよ、危ないよ」とどこからか声が聞こえる。それでも恐いもの見たさ、危うさへの好奇心はいまも昔も変わりはない。女たちは灯に吸い寄せられる虫のように近寄り、危険をキャッチする触角を麻痺させてしまうのだろう。

山伏は里人の生活と密着し、何事にも頼れる存在であった。とくに若い女性にとって厳しい仕事の農家へ嫁ぐより、山伏と山の生活に憧れた。そんな娘たちと

求菩提山の神仏習合像（国玉神社寄託・福岡県求菩提資料館蔵／写真提供＝重松敏美氏）

山伏の出会いの場が、尾根道で開かれる六月十五日の「祇園会」で、たいそう賑わったという。

「恋文」の前置きが長くなったが、娘か人妻か遊女か定かではないが、差出人の熱いラブコールが綴られている。受け取った山伏はどんな顔をして読んだのだろうか。すぐ逢いに行ったのか、その手は桑名の蛤と無視したのか、想像するのも楽しい。山伏も恋文を書いていたのだろうが、残念ながら残っていない。

山伏の末裔宅に残されていた恋文は、江戸中期ころのものらしい。

水無月三日　　静より
□□坊さま
猶々御出のほと待居　参らせ候旦あまりあまり　君
の御事をのみあんし候て
夜もねられすうつつのまにも　淋しさにもしや夢か
とおもふその枕に　成つるあかつきの鐘
めでたくかしく

---

一筆染し参らせ候扨今日は　雨志げく婦里つづき

誠に誠に宇津とをしく候えば
お前さまには　いかが御暮らし　阿まり淋しく御座候
今晩御出下され候　なにか世論しき楽しみ　いたし参らせ候
目出度　かしく
弥生十日　なお
床しき御方さま　参り候　猶々御出之程奉待候　かしく

---

歎きつつ独ぬる夜の淋しさは　いかに久しきものとかわ知る
おはずかしながら　思いにたえかね　一筆染め参らせ候
さて先夜は　わざわざおたずね下されまことにありがたく存じ上候
毎度のことなれど　ちと差上度品も御座候ほどに夕方七ツ時分よ里
御出の程をたのみ申上たく
事の数々口にも筆にも尽くしがたく　御出の上　申し残しおき候
おしき筆をとめ　あらあら目出度　かしく

---

雲（平）井の保昌様　小野の小町
あらざらんこの世のほかの思ひ出に　今ひとたびの逢ふこともがな
ごすいりようくだされたし　猶々此歌のような心持でございます
御不憫に思ひなさるようでしたら　只今から

---

雲（平）井の保昌様　小野の小町
鳥渡申上候　先刻之お手紙は　お出ともわかり申しかね
是たびは　いなやのご返事御送下度　扨
三味線も此節ごくごく根じめよろしく御座候まま
御成下度候　早々　以上
正月三日　なをより

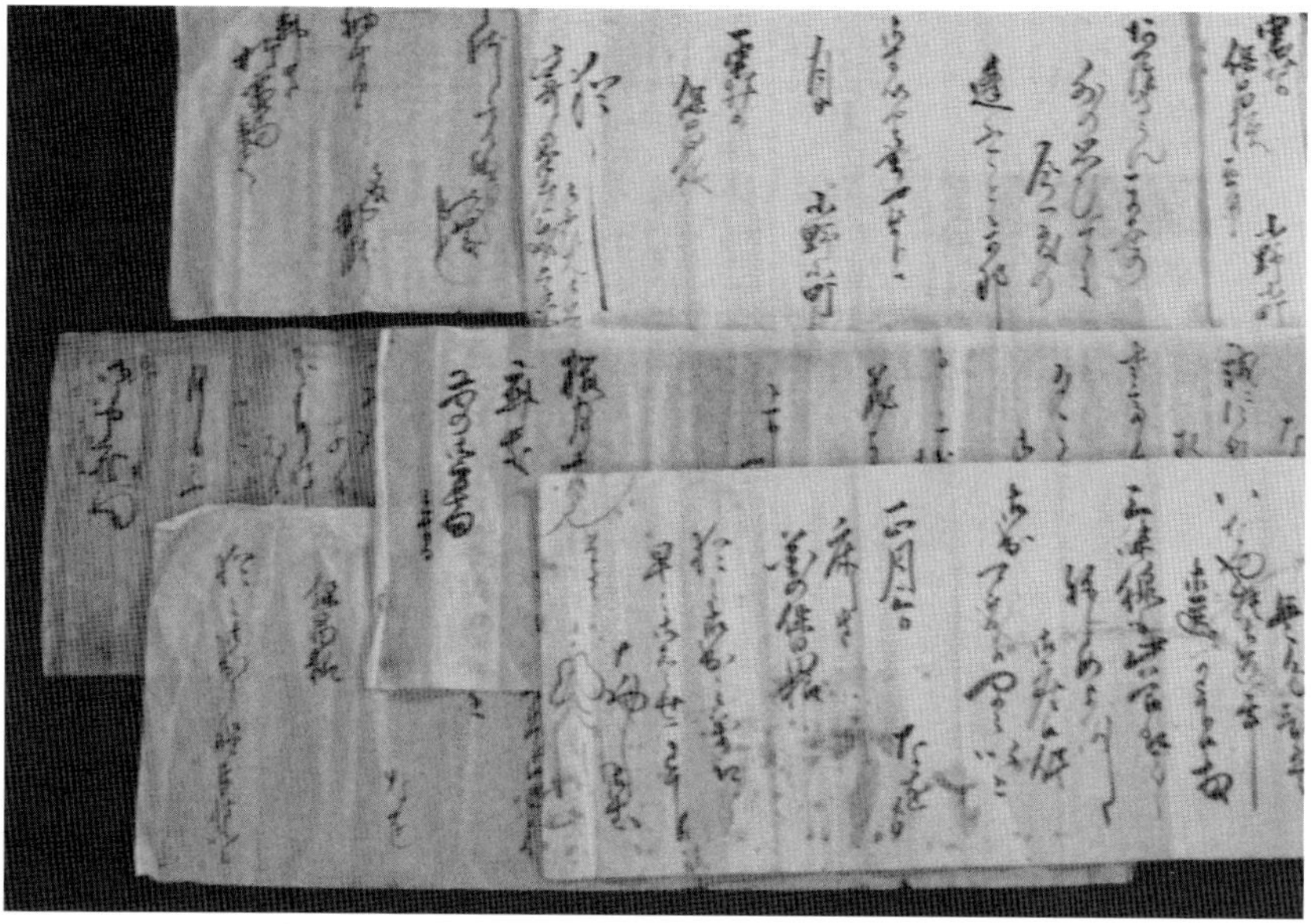

山伏への恋文（福岡県求菩提資料館）

床しき花の保昌さま
早々おしらせ　早々御出を

最後の二通は「なを」という女性が小野小町の名前を借りて書いている。和歌は平安中期の歌人・和泉式部のもので、保昌とはその夫なる人という。後の手紙には男と女のズバリの絵まで描き添えられて、挑発ともとれる大胆さだ。逢いたい、逢いたいと率直におおらかに綴られ、独り寝る夜の淋しさが切々と伝わり、その大胆さも可愛いものだ。

いずれも達筆なので、代筆屋がいたのかもしれない。手紙を読むと、遊女の客への手管かそれとも人妻か……？　など、そのストレートな表現がさまざまな女のイメージを膨らませる。それにしてもメールなどに比べると、出した人の息づかいまで聞こえるようだ。改めて手紙の良さは想像力と読後の余韻にあるのだと、見直している。

ちなみに求菩提資料館の上のキャンプ場あたりに「吉原」という字名がある。吉原という人が住んでいたところというが、もと遊女のいた吉原があったと言う人もいる。真相は定かではないが、江戸中期以降であれば、山伏相手の遊び場があってもおかしくない。

室町時代から鎌倉時代にかけて人々に謡われた今様集、後白河院が選者の『梁塵秘抄《りょうじんひしょう》』には、仏教および修験者のことがたくさん詠まれている。そのなかに

聖を立てじはや袈裟を掛けじはや数珠を持たじはや
年の若き折戯れせん

と迷う若き修験者の歌がある。「修験者として押し通すことはよそう、袈裟を掛けないでいよう、数珠を持つものか、年の若いうちは色恋をしたいものよ」と詠んでいるのだ。

逆に女性は、

山伏の腰につけたる法螺貝のちやうと落ちていと割
れ砕けてものを思ふころかな

「山伏の腰につけたその法螺貝が、ちょうと落ち、ていと割れて砕ける。そのように私の心も千々に砕け乱れて、物思いに耽る今日このごろだよ」と恋の切なさを歌う。

恋もさまざまな物語を生む。求菩提にまつわる「お秋」の哀しい物語もあるのだ。

## ▼お秋

上八丁口から五〇〇メートルほど上った右手の道路脇に、「お秋の墓」がある。現在はとても立派で哀愁のかけらも感じられないが、以前は雑草に埋もれた小さな自然石だったという。だれが建てたのか定かではないが、伝説から推測すると墓ではなく、災いを断つための供養碑ではなかったかと思う。

物語は、慶安三（一六五〇）年四月二十九日、お秋という女がこの坂を通りかかって、何者かに斬り殺された。「秋斬り」は「秋霧」に転じて、このあたりの地名になった。

秋になると、突然に山が霧に包まれることがあるが、その霧は「お秋の怨念が招き寄せるのだ」といわれている。お秋はだれにどうして殺されたのか、何も残されていない。物盗りなど通り魔の類か、突発的な争いに巻き込まれた不慮の事故であれば、お秋は「残念、無念」の思いはあるだろうが、のちのちまで「怨念」

上八丁口から上ったところにある石仏

を残すだろうか。真相はいまだ霧のなかにある。

求菩提山が力を持っていた時代、理不尽な死がたくさんあったようだ。例えば、嘉永四（一八五一）年正月、山麓でたかが笹を切っただけの罪で、七人の村人が斬首刑にされた。明治維新の十五年前のことである。

山に対しての御法度が度々出され、取り締まりは厳しかった。神木を切った者、狼藉や禁を犯した者は、山で成敗し注進せよ、といった内容だった。山で発生した一つひとつの事件をどう成敗するかは、長床の責任だった。曖昧にすると連帯責任として山に圧力がかかることを恐れたのだろう。しかし、笹を切っただけで殺されたこの七人こそ無念で、山を恨んで当然だろう。ところがお秋に対してだけなぜ、その死を哀れに思って供養碑を建て、霧さえもお秋の哀しみの深さととらえ、語り継がれてきたのだろうか。

伝説と一笑に伏す人もいるだろうが、お秋の話が架空だとしても、山伏と里の女たちの哀しい事件が繰り返されていたのではないだろうか。お秋が殺されたのは慶安三年、山は修験道とは名ばかりで乱世の兵に組み込まれ、戦闘集団と化していた時代だ。つまり山は

お秋の墓

乱れていた。お秋の殺された三年後には、求菩提の山伏は島原の乱に参戦している。

このような時代であれば、男の求めるものは女と酒。山伏は酒を好み、飲む量も並みではなかったと記録に残っている。世の乱れ生活の乱れは性の乱れに通じ、里の娘たちあるいは人妻との交わりはけっこうあったと推察する。女たちの山伏へのあこがれもあったろう。このときお秋はすでに二十七歳、娘ではない。情を重ねていた山伏に逢いに行き、殺されてしまったと考えてはどうだろうか。

そのような事件はたくさんあっても、村人は山伏に手向かう術がなく、いつも泣き寝入りだったろう。村人の積年の恨みと複数の女たちの哀れさが、お秋伝説を生んだのではないか、私は勝手に想像している。

最近、こんな話が里人の間に広まった。お秋の墓の近くには田圃がある。そこへ行くと急に睡魔が襲い、眠くて眠くてたまらなくなると言うのだ。それも一人ではなく、何人もの人が眠くなったと言い出した。噂は広まり、気味悪がった里人は山伏にお祓いを頼んだ。夜の十二時、祭壇を作り、縄を張り、二十人近い山伏が祈祷をして、お秋の霊を慰めたという。

お秋の怨念なのか、いまなお求菩提山内では不思議なことが起こるらしい。「山伏恋し」と切ない女心が彷徨《さまよ》っているのか、なんとも罪作りな山伏さんである。

山伏の数ある遺品のなかで、恋文はひときわ光彩を放っている。ほかの史料は歴史の彼方に沈んでいるのに、男と女の物語はいまなお生命を宿らせ輝いている。

# 求菩提路の神社と修験道

### ▼日本の神々

山内の嘯吹《うそぶき》八幡神社から求菩提山までの約二〇キロの道筋に、神社が十八もあると聞いて興味がわいた。お寺には、仏像や行事など多少関心をもっていたが、神社の神は、天皇崇拝を位置付けるためのもののような感じがして、敬遠していたのだ。

さっそく、豊前市役所で地図を借りて、神社の位置を確かめた。河原田の深山八幡宮から求菩提までは深い山が連なり、かつて土蜘蛛退治に出かけるとき、一振の刀を奉納して安全祈願をしたと伝えられている。神社は鎮守の森のなかにあり、岩岳川や佐井川に沿って点在し、昔から村の守り神として祀られてきた。祭神にはそれぞれに役割があって、神代の昔から日本の

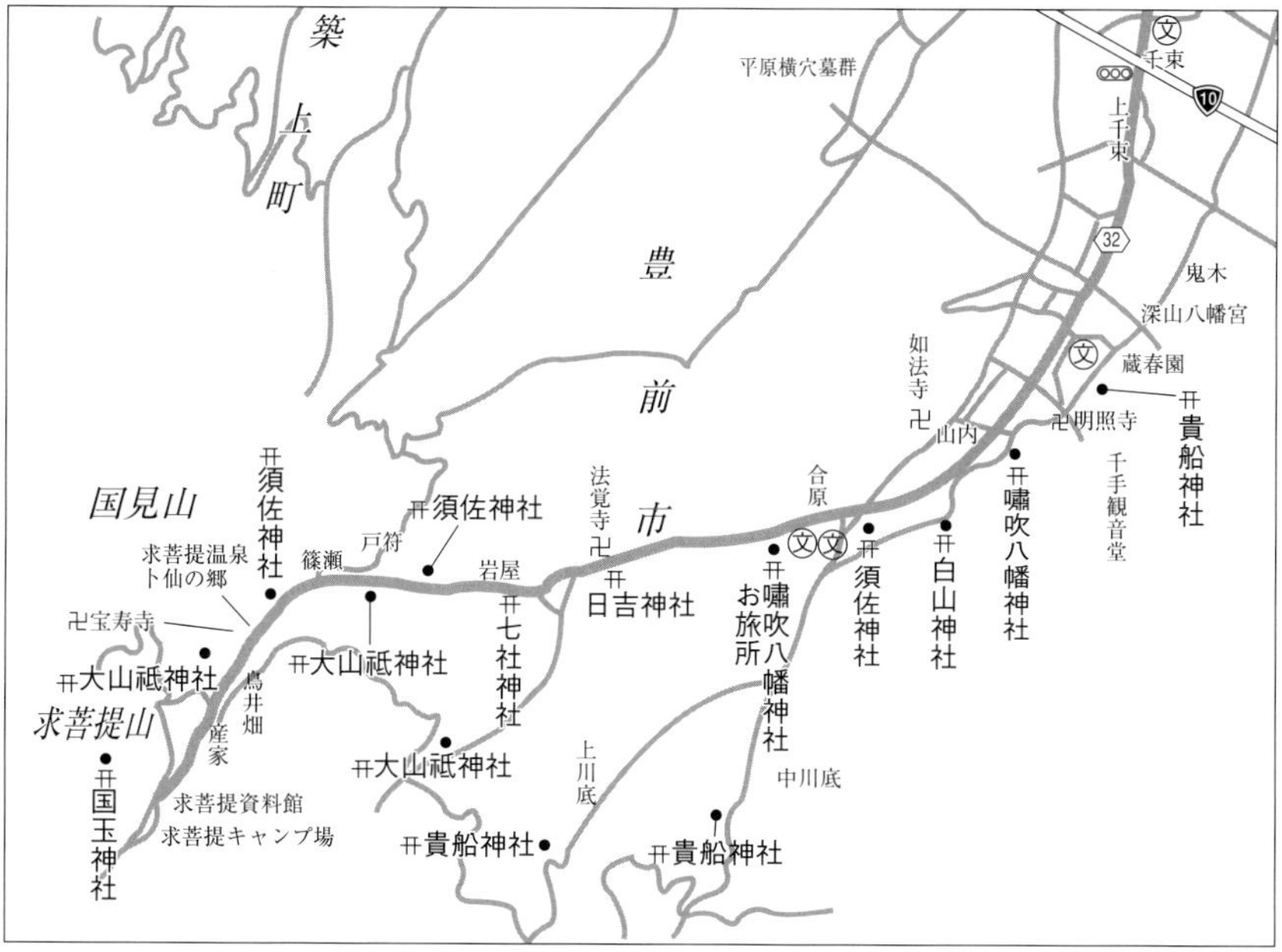

国土や民を護ってきたのだが、その役割こそが村人の願いを担った神社の存在理由でもあるのだ。

例えば、貴船神《きふねのかみ》は「雨乞い、雨止み、灌漑、養蚕の守護神で水の神様」。大山祇神《おおやまつみのかみ》は「大山を管理する神様。樹木や水、山の幸を供給し、農業・狩猟にかかわる神」で、山祇とはもともと山の精霊をさすという。また、高龗神《たかおかのかみ》「山上をつかさどる龍神」や闇龗神《くらおかのかみ》「雨水をつかさどり国土を潤し、草木の生育、食料を豊かに繁茂させる神」や雷神《いかづちのかみ》「稲作の豊穣の神」などと組合せ併祀されているところが多い。神主不在の小さな神社にも、村人の暮らしと歴史が感じられる。さらに雨乞いや神楽などから修験道との深い関係が見えてきた。

貴船や大山祇など同じ名前の神社も多いが、祭神も一神社に一神ではなく、複数の神が祀られている。

求菩提路の祭神を見て気がついたことは、神々は数えきれないほど在しますのに、開運の神とか商売繁盛とか家内安全という個人的利益の神ではなく、五穀豊穣や疫病平癒など村の利益の神ばかりなのだ。往古の人々のつつましやかな生活と共同意識がしのばれてくる。祭神の意味は、庶民の歴史であり、祈りの遺産だとあらためて思った。

### ▼貴船神社（挾間《はざま》）

千手観音参道の岩岳川に架かる門前橋の手前を左へ折れると、宮の後池と並んで貴船神社の森がある。祭神は高龗神と闇龗神で、本殿正面には水の神である龍の彫りものがある。

貴船神社には雨乞いの楽《らく》「天狗拍子」が伝わっている。

豊前の国では　雁又山や求菩提山、豊前の国では　彦の御岳　香春岳、天狗拍子をいざやつく

この歌とともに伝えられる天狗拍子は、内側に大天狗の大人が四人、外側には小天狗の子どもたち三十人から四十人が、白装束に草鞋ばきの山伏姿で舞う。

雨乞いの行進は、第一日は貴船神社で楽を打ち始め、尾根づたいに松尾山医王寺から松尾川内の貴船神社、轟谷の各神社で奏楽して山内の嘯吹《うそぶき》八幡神社で打ち止め。二日目は求菩提山国玉神社で打ち始め、求菩提谷

挟間の貴船神社

の各神社をまわり宇島神社で打ち止めになる。三日目は英彦山豊前坊で楽の打ち止めで、全行程を終える。

　祭文によると、天狗拍子の起こりは神武天皇の世というから古い。旱魃が続き、人々は食べる物もなくなって飢えに苦しんでいた。そのとき、天子の勅宣で天照大命に雨乞いの祈願をしたところ、たちまち雨が降りだした。人々は踊り上って喜び、お礼に楽を奏したのが始まりという。これを「天下田楽」と呼んだ。その後時代は大きく下り、義経が鞍馬山に入った時代に時は移る。鞍馬山の宗浄坊は義経を見て「これぞ武将の面がまえ」と喜び、天狗を招いて天下田楽を奏した。それからは「天狗拍子」と言われるようになったという。

　その天狗拍子が挟間地区に伝わったのは昌泰元（八九八）年のこと。村に疫病が流行し毎日死者の数が増えるばかり。村長は困り果てて十七日間閉籠して断食し、英彦山権現に祈った。満願の日、権現さまが現れて「汝のまごころは天に通じた。重大な任務を果たした労を慰めん」と、九州の天狗を招き鞍馬山にある田楽を演奏したという。そして村長に「この拍子を末の代まで大切にすれば、旱魃には雨を得、疫病火災の難を除き、天下泰平、五穀成就の祈願ともなるべし」と授け伝えたという。

　天狗拍子の由来は祭文しか残されていないが、よくよく読んでみると年代がめちゃくちゃで、首を傾げてしまった。神武天皇の世に始まったのはよしとしても、天狗拍子となったのが義経が鞍馬山に入ったときというから治承四（一一八〇）年前後。挟間に伝わったのは八九八年であれば、天狗の名がつく前になる。

　かたい話はやめよう。雨乞い神事が伝わり、受け継がれてきたのは事実なのだ。残念なことは子どもの数が減少して、小天狗の三十人が揃わなくなり、昭和三十三（一九五八）年を最後に途絶えてしまった。

農耕に欠かせない水の源は山にある。山を支配するのは天狗と信じられていた。

「天狗」の文字は『日本書紀』に「天狗《あまつきつね》」と初めて登場している。世情不安な時代には、物の怪や怨霊のたぐいとされたこともあったが、いつしか天狗は山中に棲み、仏の言いつけで衆生の利益のために山を守護していると信じられるようになったという。旱魃になれば天狗に祈るしかなく、天狗は最も身近な神様だった。霊力をもつ天狗、天と地を結ぶ山に住む天狗はいつしか、山中で修行し超能力を身につけた山伏と重なっていた。

また稲にとって大敵は害虫で、虫除けの祈願や祈禱は修験の山や神社で行われていた。祈願が終わると虫除けの祈禱札を檀家や氏子に配り、農家は祈禱札を水田の水口に立てる。天狗拍子の囃し方は、太鼓、笛、すりがね、鉦を打ち鳴らし、黒紋付着流しに鳥追い笠を被っている。それは害虫を追い払い、豊作を祈る姿でもある。

笛や太鼓を打ち鳴らしながら、大声を張り上げて乱舞するのは、単に伝承や気休めではなく、科学的にも効果があるとされている。火を焚けば煙が出る。大声やお囃子などの大きな音など、いずれも気圧をかえて、雨を降らせるのだそうだ。余談になるが、徳島の阿波踊りも雨乞いの踊りが始まりである。

## ▼嘯吹八幡神社（山内）

山内の信号から左折すると、こんもり樹木に覆われた八幡様が見える。一一五〇年余の歴史をもつ嘯吹八幡神社である。嘯吹八幡の縁起によると、仁寿二（八五二）年、社家初山家の先祖の夢のなかに、弓矢八幡が現れて「宮居を定めよ」とお告げがあり、村の南西に大光明を発した。その場所を探していると大神が木の下で鷽《うそ》の鳴き声をして教えてくれたことに由来し社名にしたという。

祭神は応神天皇、神功皇后、仲哀天皇の親子三人で、小倉藩主・小笠原氏の祈願所として栄えたとある。境内には小笠原氏の奥方が病気平癒のお礼に奉納した石灯籠や、弘化二（一八四五）年の狛犬もあり、歴史の古さを物語っている。

天正時代、大友宗麟の兵が豊前地方に攻め込んだとき、境内の藤の木に鬼面を掛けたところ、鬼面が火炎を吹き出して大友軍勢を追い返したと伝えられる「火吹きの面」がある。その形相は睨みがきいて迫力がある。「烈火の如く怒る」憤怒の相だが、仁王のように諸悪から庶民を守ってくれそうな頼もしさがあった。

　また境内には、武士が力試しをしたという「力石」、その横には撫でると腰痛に効く「要石」がある。二つの石は対で、力試しで腰を痛めた武士が触って治したとされる。腰は身体の要、なのだ。

### ▼白山神社（下川底）

「大木入口」バス停付近から岩岳川を渡ると、佐井川に挟まれて白山神社がある。推定樹齢一三〇〇年という霊樟、大樟（県指定天然記念物）が、境内を席巻しているかのように見えた。三十年毎に行われる宇佐神宮の二の御殿造営のときに、この神木である大樟の下で、造営のため木を切り出す前の神事、「杣始《そまはじめ》の式」（手斧始の式）が行われていた。応永年間（一三九四—一四二八）以来、安政三（一八五六）年まで四〇〇年以上も続いたという、選ばれた格式の高い神社なのだ。近くに杣山があり、岩岳川、佐井川と水運もよい条件を揃えた地であったからだろう。ちなみに一の御殿造営のときは築上町の本庄の樟、三の御殿造営は三光村槙坂の樟と決められていた。宇佐神宮のお杣始めの掛札とそれを収める箱（県指定有形民俗文化財）が、求菩提資料館に所蔵されている。

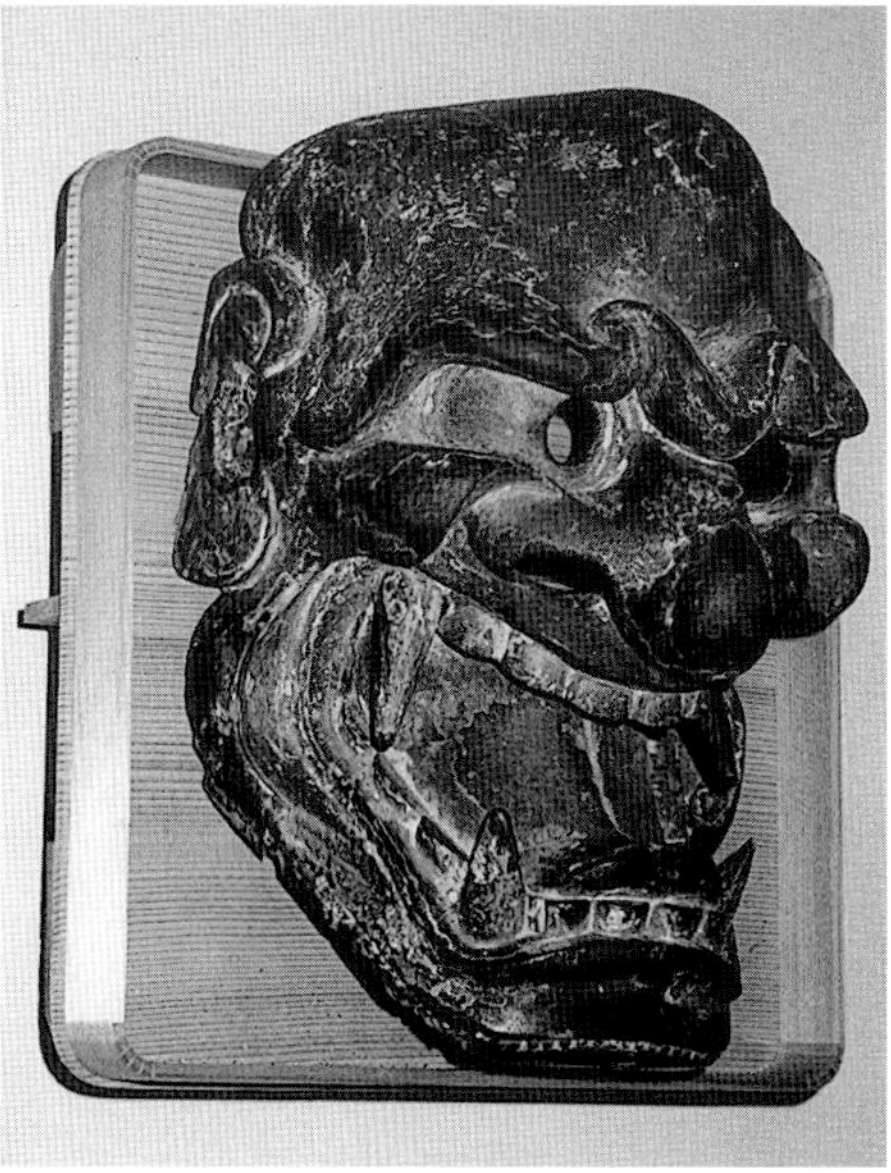

上・嘯吹八幡神社
下・嘯吹八幡神社の「火吹きの面」

白山神社の大樟

高さ三一・五メートル、根回り二一・五メートルの樟は四方に枝を広げ、根を大地にうねらせて見るものを圧倒する。祭神は白山権現である。

### ▼須佐神社（下河内）

「合河」バス停から岩岳川に向かって行くと、湯ノ本の細い路地を入った一角に神社の境内がある。祭神は素戔鳴尊《すさのおのみこと》。高天原を追放された荒らぶる神だが、八《や》岐《また》の大蛇《おろち》退治で有名な神さまである。

村人からは「宝縁堂《ほうえんどう》」と呼び親しまれており、五穀豊穣を見守る社なのだ。境内には近くの白山神社に負けない樟の巨木（県指定天然記念物）がある。高さ三〇メートル、根回りは二六メートルもありウネウネと地上を這い、大地を押さえ石を抱く様は圧巻。地元の人は両樟を「二巨木」と呼んでいる。

字名の「湯ノ本」は、往古、温泉が湧き出していたことに由来しており、湯を鎮めるために「祇園会」が行われ屋台車も引き回されていた。いまもその辺りは地熱があるのか、雪が積もらないという。

### ▼貴船神社（中川底）

四ツ口の信号から豊前・耶馬渓線を行き、「松尾川内入口」バス停から左へ下りる。松尾川内川に沿って行くと、右手斜面に低い鳥居があり、見上げる先に貴船神社の拝殿があった。神社の横を流れる山水の水量も豊富で、神社名がうなずける。

ところが、貴船神社の祭神といえば当然高龗神と闇龗の神と思っていたが、ここは大己貴命、大山祇神、そして少彦名命《すくなひこなのみこと》を祭神としている。宮司のお話では、もとは大山祇神社だったらしいが、後に「貴船」と名前を変えたらしい。

少彦名命は、小さな体で大国主命の国造りを助けた神さまである。神功皇后がお産で苦しんだとき、少彦名命に祈ったところ無事出産できたという。折口信夫によると、ひな祭りの女雛は淡路《あわじ》様（淡島神《あわしまのかみ》）で少彦名命と同一とされているというが、定かではない。昔話の一寸法師の原型とも言われている。

本殿は小さいながらも貴船造りで形良く、千木が青空に大手を広げている姿はかわいらしい。正面の二匹の龍が戯れている彫りものも、一見に値するすばらしいものだ。

上・中川底の貴船神社
下・上川底の貴船神社

### ▼貴船神社（上川底）

合岩中学校前から豊前・耶馬渓線を八分ほど走ると、廃校舎を利用した心のリハビリセンター「もみじ学舎」を通り、それから二分ほどで轟《とどろ》地区に入る。さらに行くと経読岳である。佐井川沿いに樹齢三〇〇年の山藤と櫟《いちい》の巨木がせめぎあう。春になると「轟の藤（市指定天然記念物）」と言われる山藤がみごとな花房をつけ、まるで滝が流れるような美しさだ。

この貴船神社は、求菩提六峰の一つだった松尾山に関係のある神社らしい。拝殿に天井絵があり、四季折々の行事や花が色鮮やかに描かれている。祭神は高龗神と闇龗神である。

神社のまわりは美しい模様の棚田が山へ山へと広がっている。朝晩の気温の差が激しく、豊富な湧き水がきれいな棚田の米はとてもおいしいと評判だ。田植えが終わると「さなぶり（座まつり）」の行事がある。米二合の四角い大きな「もっそ寿司」を作って慰労と五穀豊穣を祈る習わしが、一二〇年もつづいている。

▼お旅所（下河内）

「合岩小学校前」バス停の前に嘯吹八幡神社のお旅所がある。祭礼のとき神輿を移して安置するところだ。多目的広場に隣接して、静かな空間を作っている。毎年四月の第二日曜日に嘯吹八幡神社の「清原神事《せいばるしんじ》」があり、湯立神楽《ゆだてかぐら》が奉納される。この神事は寛平二（八九〇）年に始まったという古い歴史を持っている。昔、ご神幸祭には殿様がお詣りされる大名行列があり、その日は門司から宇佐まで行商はまかりならぬとご法度が出たという。

▼嘯吹八幡神社の湯立神楽

四月十一日、朝から雲ひとつない青空で、汗ばむような好天気になった。まだ神楽を見る前から、心が弾んでいる。山内まで来ると前方に求菩提山、並んで経読岳、その肩越しに犬ケ岳の尖った山頂が顔をのぞかせている。いつもはひっそりとしたお旅所が、この日はうって変わって、お清めの特大の注連縄が張られ、五色の幟がはためき、出店まであって祭り一色に彩られている。その上、開花が遅れた桜が満開で、絵に描いたような華やかさだった。

本殿の前に朴の木で囲んだ斎庭《ゆにわ》が作られ、中央に背の高い三本足の炉が築かれて、蔓で結わえた釜がかけてある。湯立の湯を湧かす釜だ。朴は薬用の落葉高木で香気がたかく、霊的に強いので用いられる。浅学の私は囲いというと竹を連想したが、竹は処刑のときに用いられるものだと笑われてしまった。お田植え祭の斎庭ももちろん朴の木を用いる。

三本足の炉の横に斎鉾《ゆぼこ》という一五メートルもある真竹が立ち、三方を縄で張っていた。先端に枝葉をつけ青空に向かって一直線に伸びる斎鉾を見ていると、期待が高まってきた。太鼓、鉦、笛のお囃子で、神主が現れ、みさき鬼が登場し、お神楽が始まる。

この神楽は天尊降臨の話を主題にしたもので、瓊々杵尊《ににぎのみこと》と天鈿女命《あめのうずめのみこと》が高天原から天降るさい、鬼が立ちはだかって邪魔をする。鬼は実は猿田彦で、神主がそれをなだめて道案内をさせるまでの、鬼との掛け合いを演じている。最後は肩を組んで、地上界に降りてくる、というお話。

面をつけた鬼たちが四、五人登場して、斎庭いっぱ

上・清原神事が行われる嘯吹八幡神社のお旅所
下・清原神事で奉納される湯立神楽

い所狭しと暴れ始めると、見物人が騒めいてきた。いよいよハイライトの斎鉾登りだ。なんの変哲もない竹である。鬼は面と重い装束をつけ、おまけに足袋を履いている。鬼は一人ずつおもむろに竹に手をかけ、登り始めた。「のぼれー！」「がんばれ！」と声援が飛ぶ。

足を掛けただけでリタイアの鬼に、落胆と笑いの声が広がる。二人目は一メートルほど登ってリタイア。三人目「ほんとに登れるのかなあ」と不安がよぎる。三人目の鬼は見物人に向かってVサインをし、派手なしぐさで笑いをとり期待をもたせた。声援が渦巻くなか、スルスルと上まで登って大喝采。可能性が出たところで、四人目五人目とリタイア。

いよいよ最後の鬼の登場だ。いとも軽やかにそして剽軽に斎鉾に手をかけた。普通私たちが知っている棒登りは、足の裏で棒を挟み、膝を使って尺取虫のように登る。ところがその鬼は、膝を開き足の裏で挟んだだけでピョンピョンと飛ぶように登って行くではないか。頂上の注連縄の交差する竹笹に着くと、逆立ちをしたり横木に足を掛けて逆さになったり、余裕のパフォーマンスを見せる鮮やかさ。青色の空に朱色の装束、笹のみどりにご幣の白、桜のピンクが舞台に花を添え、その美しさにうっとり。

湯立神楽のハイライト、斎鉾登り

最後に鬼は、神の依り代である斎鉾のご幣を切り落とす。切り落とされたご幣は、白い花びらのように舞いながら地上に落ちた。猿田彦（鬼）によって天上界と地上界が結ばれ、五穀の実りを祈願する。鮮やかな斎鉾登りに「日本一！」と叫びたいほど高揚していた。五穀豊穣を祈願する神楽は、いまも春を告げる祈りとして継承されていた。

いよいよ修験道と関係ありと聞いた「湯立」が始まった。餅まきが終わり、次郎坊天狗社に祀られている八天狗の火伏せの呪文を唱え、三本足の炉の下に火を点けた。釜の湯が沸くと榊《さかき》を浸し、四方に振ってお祓いをする。続いて「湯大将」と呼ばれる、五色の紙で作られた一二センチほどの人形《ひとがた》に、湯を振って悪霊よけのお祓いをし、厄払いをする。

各地に残る「虫送り」や「疫病送り」の行事は、人形、ご幣といった依代に、災いをもたらす悪霊をのり移らせて村外へ送り出す祭りだが、豊前の湯立神楽にみる人形も、同じ意味をもっている。

炉の残り火は熾《おき》にして広げ、白い煙の残る上を歩く「火渡り」になる。素足と思ったら足袋を履いた神職が、恐々と歩いていた。「アッチチチ」とたまらずに飛びのいたのもご愛敬か。

一般の火渡りはなかった。近年まで湯立は山伏が行っており、炎の上を素足で渡っていたという。幣切りや火渡り、そして斎鉾を登る荒芸に、修験道との関係を納得できた。古代から火は神聖なものだった。火で焼き払うことで穢れや不浄、罪悪などを消滅させる。護摩供も正月のどんど焼きも同じ意味をもっている。

このあたりでは、旱魃や飢饉や疫病などが流行した年に、豊前の国十三カ所の庄屋が集まり神楽を行っていたという。その後五穀豊穣を祈願する祭事に変わり、一年に一度行われるようになった。昔は祭が終わると

日吉神社の境内

注連縄を家に持ち帰り、川の堰に使って田に水を引いていた。また、落ちたご幣は折り鶴にして家に貼り、魔除けにする習慣があったともいう。

久しぶりにドキドキする興奮を味わった私は、荒芸を見せた鬼に会いに行った。修験者は神事の前は五穀を断ち女色も断ったと聞くが、いまはその気持ちを持つだけでよいらしい。とはいえ命綱もなくひとつ間違うと大惨事になる。日ごろの鍛練と集中力はもちろんだが「神を迎えに行く気持ちで登る」のだとその人は言った。命を託す竹は、女竹は駄目で、男竹の三年ものが登りやすいらしい。なぜ女竹は駄目なのか、女は駄目と言われたようでちょっぴり悔しかった。

### ▼日吉神社（大河内）

県道を挟み法覚寺の向かいに見える神社は、日吉《ひよし》神社だ。祭神は大己貴命と国常立命《くにのとこたちのかみ》で、地を守る神様である。

鳥居をくぐってすぐの井戸から釣瓶で水を汲み上げ、手を清める。階段を登ると三〇〇年以上の歴史をもつ本殿は、神殿の傷みをふせぐため、屋根を張った小屋のなかにあった。豊前地域で最古の神社の造りという。逆立ちしたり玉にじゃれたり、愛敬のある狛犬も苔生して、あ・うんと人待ち顔で迎えてくれた。拝殿には三十六歌仙の絵馬があるが惜しいことに、風雨にさらされて絵や文字はすべて消え去っていた。

岩岳川を隔てた向いの山が「ウトロの山」である。ウトロの山の神様は猿をお供に連れ、柿の木の杖をつき、川を渡って日吉神社までこられていた。その杖を挿したところに柿の木が生え、御神木になったという。

十月の初め、「山人《やまと》走り」の神事が行われる。荒縄、鉈、御幣、榊を持った山人が神となって、ご神木である柿の木まで走るのだ。その柿の木も平成十三（二〇〇一）年に切られてしまった。

地元では日吉神社を別名「猿の宮」と呼んでいる。日吉神社はもともと、「日吉権現」「日吉山王」などと寺院風によばれた天台密教による神仏習合の社であった。「山王」とは「山の神」を意味する語で、日本では古くから山に住む猿を山の神の化身とする信仰が各地にある。このことから、日吉神社には猿の伝説がついてまわるようだ。

昔、日吉神社に神様のお使いをする猿が住んでいた。ある日のこと猟師がやってきて、猿を見つけると鉄砲を向けた。猿は「お腹に赤ん坊がいるので助けてください」と頼んだが、猟師は撃ち殺してしまった。その後、猟師は悪いことばかりがつづき、とうとう田畑まで手放してしまった。それからというもの、猿は神様のお使いなので、いじめてはいけないと語り継がれているという。

▼大山祇神社（岩屋）

三二号線の岩屋橋の手前で左の道へ行くと、十分ほどで岩岳川の支流・枝川内川《えだがわちがわ》の清々しい流れの音が出迎えてくれる。道や山の斜面にとりどりのあじさいの花が咲き、山間の村が華やかに彩られている。地元の人たちが五三〇〇株の「アジサイランド」づくりに取り組んでいるのだ。

枝川内川を渡ると山のなかに、ひっそりと神社はあった。戦後しばらくまで橋はなく、飛び石を渡って神社に行っていたという。

太古の昔からそそり立つような樟の大木は、斜面に根を張り、露出して、山肌を抱き込んでいる。うっそうとした樹木は陽光をさえぎり、石も地面も木の幹も苔生して、何千年も昔にタイムスリップしたような、神秘的な雰囲気があった。毎年十月十六日の秋祭りには、五穀豊饒を感謝して畑のものを祭壇に供える。神殿のなかに蠟燭《ろうそく》を灯すと不思議なことに、ご祭神が扉の下の板に浮かび出て、女神を間にした両脇の男神が手を引き合って、右に左にゆらりゆらりと揺れるように見えるという。

祭神の大山祇神は豊穣の神である雷神《いかづちのかみ》を伴って、五穀豊穣を見守っているのだ。一見に値するすばらしい神社である。

七人の神を祀った七社神社

▼七社神社（岩屋）

三二号線から岩岳川を挟んだ高台に、「くぼて工房」が見える。その斜面下のフェンスのなかに低い鳥居があり「七社《しちしゃ》大明神」と書いてあった。七社とは、国常立神、大宮姫、宇迦之御《うかのみ》魂神《たまのかみ》、大山祇神、少彦名神、大己貴神、事代主神《ことしろぬしのかみ》である。腰をかがめるようにして狭い石段を登ると拝殿、右に本殿がある。神楽面十二面と舞衣や毛頭などがこの神社から発見されている。

細川忠興公が熊本へ行く道中、手水鉢の水口を奉納したというのだが、いまはどこへ消えたのか……。

この神社で目を引くのは、本殿を飾る彫り物だろう。伝統的な細工が施され、龍や鶴亀、四面に干支が彫られており、目を見張るように素晴らしい。無人のため心ない人が持ち帰るという話も聞いた。四角に突き出た角木の魔除けは無残にもはぎ取られ、哀しい姿になっていた。「罰当たりめ！」と叫んでみたが、神さまも留守なのかな……。

祭神の国常立神は地を守る神で、大宮姫は山の神、宇迦之御魂神は穀物の神、稲の精霊とされている。

▼須佐神社（岩屋）

「中畑」のバス停から道路ひとつ入ったところに、素戔嗚尊を祀る須佐神社がある。その鳥居の奥にもう一つ小ぶりの鳥居があり「牛頭天王《ごずてんのう》」の額があった。牛頭天王は薬師如来の化身といわれており、疫病退散、疾鬼降伏の神として信仰がある。

牛頭天王は、諸行無常と鳴ることで知られる祇園精舎の鐘の守護神で、製鉄の神である。また牛頭は荒神のため、素戔嗚と同一視されることが多いという。鳥居の前に「馬頭観音」と「牛頭観音」の石祠があり、五穀の神・疫病退除の神として崇められてきた。

岩屋の須佐神社

▼大山祇神社（篠瀬）

「戸符」バス停から県道を下り、岩岳川に架かる戸符橋を渡ると山ぎわに神社が見えかくれする。訪ねた大半の神社の祭神は、農業に関係した神が多かった。ところがこの神社は、鉱山・金物の神である「金山彦命」が祀られていた。昔、鉱山があったのだろうかと好奇心がムクムク。ところが聞いてみると、周辺に鉱山はなかったとだれもが否定する。宮司のお話によると、つまりそれは金神《こんじん》のことで、病気平癒の神だというのだが……。

▼求菩提路と鉱山

私は鉱山説を捨てきれないでいた。『豊州求菩提山修験文化攷』（重松敏美編著・豊前市教育委員会）の伝説の項を読んでいたとき、つぎの一行に胸が高鳴った。鳥井畑と宮本の境の宮ノ谷に伝わる「カワンツノ（「河の殿」河童のこと）」の話だ。

「求菩提では鳥井畑のホリギン淵にもカワンツノが住んでいた。ホリギン淵には（むかしは金や銀を掘り出していたと伝えられる）……」と注釈が添えられているではないか。ただそれだけのことだが、求菩提路と金銀は無縁ではなかったと、独断と偏見の推理が広がってゆく。

頼厳は求菩提山を西方浄土と見て入山したと伝えられるが、それだけではなく、銅板経を作り埋経することが目的だったのではないか。頼厳が入山したのは保延六（一一四〇）年で、銅板経はその二年後に作られている。国東の長安寺は永治元（一一四一）年に、英彦山の銅板経は如法寺で作られ、執筆僧に求菩提と同じ「厳尊」の銘が刻まれている。このことから、同じ意図のもとに銅板経は作られたものと思われ、頼厳の求菩提入山の目的もわかってくる。銅板経を作るためには銅と技術が必要だ。その地理的な要件を豊前は満

篠瀬の大山祇神社

たしていたと考える。豊前の香春岳には採銅所がある。
弘法大師が山林原野を駆け巡ったのは、鉱脈を探していたという説もあるように、修験と鉱山とは関係が深いのではないか。「彦山流記」には、天養元（一一四四）年に英彦山から豊前市（旧上毛郡）の篠隈《ささくま》に銅板経の地金を取りに行ったと記されているが、「篠隈」の「篠」は「すず」とも読み、山伏の法衣の鈴懸《すずかけ》も「篠懸」とも記される。築上郡吉富町に「鈴熊」という地名がある。篠隈は鈴熊のことで、地金を産出したか鋳造所だったのではないか。岩岳川の源流も、犬ケ岳の「篠《すず》ノ尾」である。
行基が開いたと伝えられる吉富の鈴熊寺《れいゆうじ》の山号は、金華山である。鈴といい金といい金偏ゆかりの土地である。

鈴熊寺周辺の国道建設のとき、タタラ跡と思われるものが出土した。豊前地方に新羅系の鋳造技術をもった集団がいたことは、記録にも残っている。また、周辺には鋳物製造の伝統工芸が明治まで残っていたという。

日本で最も古いとされる太宰府の観世音寺の鐘に「上三毛《かみつみけ》」の名が彫られている。上三毛とは旧上毛郡三毛門《みけかど》のことで、現在の築上郡吉富周辺のことだ。前記の『豊州求菩提山修験文化攷』の「国宝銅板経と頼厳聖人をめぐって」のなかで、つぎのようなことを筑紫豊氏は書いている。

「私は、観世音寺梵鐘・豊前の採銅所・宇佐宮と奈良東大寺の大仏、それからここに述べた銅板経や経筒等々を、一連の銅文化の精華とかんがえるとき、大宝二（七〇二）年、豊前国上三毛郡の戸籍帳に見える多数の勝《すぐり》姓を名乗る新羅系と思われる優秀な帰化人群の、この地方における蓄息を憶うのである」

さらに、「頼厳聖人の出生地である辛嶋郷も『韓嶋勝』の蓄息地であった」と、興味深いことが書かれている。我が意を得たり、我田引水である。地名は、いろんな想像をふくらませてくれるから楽しい。

上・篠瀬の須佐神社
下・大山祇神社の鞘堂におさめられた覚魔社

▼須佐神社（篠瀬）

「古屋敷」バス停前に須佐神社の階段がある。境内に立つと求菩提山がすっぽりと視界に収まった。この神社は文禄四（一五九五）年、疫病が流行し、素戔嗚命を祀り平癒を祈願したのが始まりという。須佐神社には雨乞いの楽「清明楽」が伝わっている。祭文によれば、継体天皇の御年、「犬ケ岳の悪鬼、四方に繁乱して諸民是が為に悩まされ、時に求菩提山行善大徳、丹誠をぬきんでて、権現に祈り法力の妙術をもって天狗岳の頂に封じ納て鬼神と祭ること偏に白山大権現の霊験著しきところなり」とあり、喜んだ村人は感謝して楽を奏した。

　その後しばらく途絶えていたが、永徳元（一三八一）年に疫病が流行し、求菩提山に悪病退除を祈ったところ、またまた霊験あらたかな効果が現れたので再び楽を奏し、以来長く伝えることになったという。

注目したいのは犬ケ岳の鬼を封じ込めたのが「行善」となっていることだ。卜仙の鬼退治と同じ物語なのに、行善である。縁起とはそんなものかも知れない。

▼大山祇神社（鳥井畑）

「求菩提温泉卜仙の郷」から一〇〇メートルほど前

方に社がある。もとは上八丁口にあって、山の神を祀る下宮だった。「覚魔社」（市指定有形文化財）も境内にあり、明治二十七（一八九四）年にともに現在地に移転。この境内では、毎年五月四日に「湯立神楽」が奉納される。本殿の左手奥に、五穀を司る倉稲魂《うかのみたま》を祀った「稲荷社」と猛覚魔卜仙を祀った覚魔社が並んでいる。明治初年の神社明細帳には、「旧記にあり」として「往昔猛覚魔の神地、一小祠を建て尊を祀る。明徳三（一三九二）年三月宇都宮氏此処に社を建つ、大山祇神、此年南北朝和睦の年なり。寛文年間（一六六一―一六七三）付属神社となる」と記されている。

国玉神社上宮へと続く鬼の磴（写真提供＝重松敏美氏）

覚魔社は風雨を防ぐため、社を包むように建てられた鞘堂《さやどう》に納められ、堂の正面にはかえる股に飛天、四隅と横面には猿が卜仙を護っている。

境内には「小賀玉木《おがたまのき》」があり、五、六月ごろに鈴の形をした実をつける。神前に供えて神霊を招くといわれており、「招霊《おきたま》」からきているという。ちなみに一円硬貨の裏の紋様は小賀玉木の枝葉である。

### ▼国玉神社（求菩提）

神社のしんがりは求菩提山八合目の国玉神社で、大己貴命と白山妙理大権現を祀る。開山の祖といわれる行善が、白山権現を勧請して「護国寺」を建立し鎮護国家の道場を定めたと伝えられる。

伽藍地の最上段に国玉神社中宮、そして上宮は八五〇段の鬼の磴の上にある。山麓にあった下宮は、大山祇神社として鳥井畑に移転した。

明治の神仏分離令によって護国寺は神道に改宗して「国玉神社」となり、以降氏子によって山の行事は継承されてきた。現在、三月二十九日の御田植祭は「求菩提山お田植祭保存会」によって行われている。

# 宇都宮氏ゆかりの地をたどる

**▼不老山正光寺―岩戸見神社（築上町伝法寺）**

豊津（小倉側）から椎田道路を行き、築城Ｉ．Ｃ．で降りると右へ、城井川《きいがわ》に沿って上流へ向かう。七、八分行くと右に鳥居が見えてくる。鳥居の前方の階段上に岩戸見神社、左に不老山正光寺。手入れの行き届いた庭が丘の斜面を彩っている。文治元（一一八五）年、初代宇都宮信房が豊前に入部したとき、岩戸見大明神と文殊菩薩を勧請したといわれる。

かつて正光寺と岩戸見神社は現在の場所ではなく裏の山に建っていたが、建久元（一一九〇）年に現在地に移された。そのとき盛土に使ったところは池になり、「宮裏池」と呼んでいる。神社は樟、櫟《いちい》などの大木に囲まれて陰をつくり、拝殿の干支など見事な彫り物と調和して格式を感じさせる。

正光寺は民家風の庶民的な本堂で、両脇の大きな銀杏の木に守られて眠っているように静かだ。毎年二月二十五、二十六日は「知恵の文殊様」のお祭りで、ご本尊のご開帳と武者行列も出て大変賑わう。境内の梅も見ごろで、地元の人たちの出店もあり、この日ばかりは寺も活気づいていた。

仏のあらゆる教えを説き知恵を司るといわれるご本尊の文殊菩薩は、獅子の上に鎮座され、黒い躰に水晶の目玉をキラリと光らせ、なかなかの迫力である。

本堂の横に後藤基次（又兵衛）手作りの手洗鉢があ

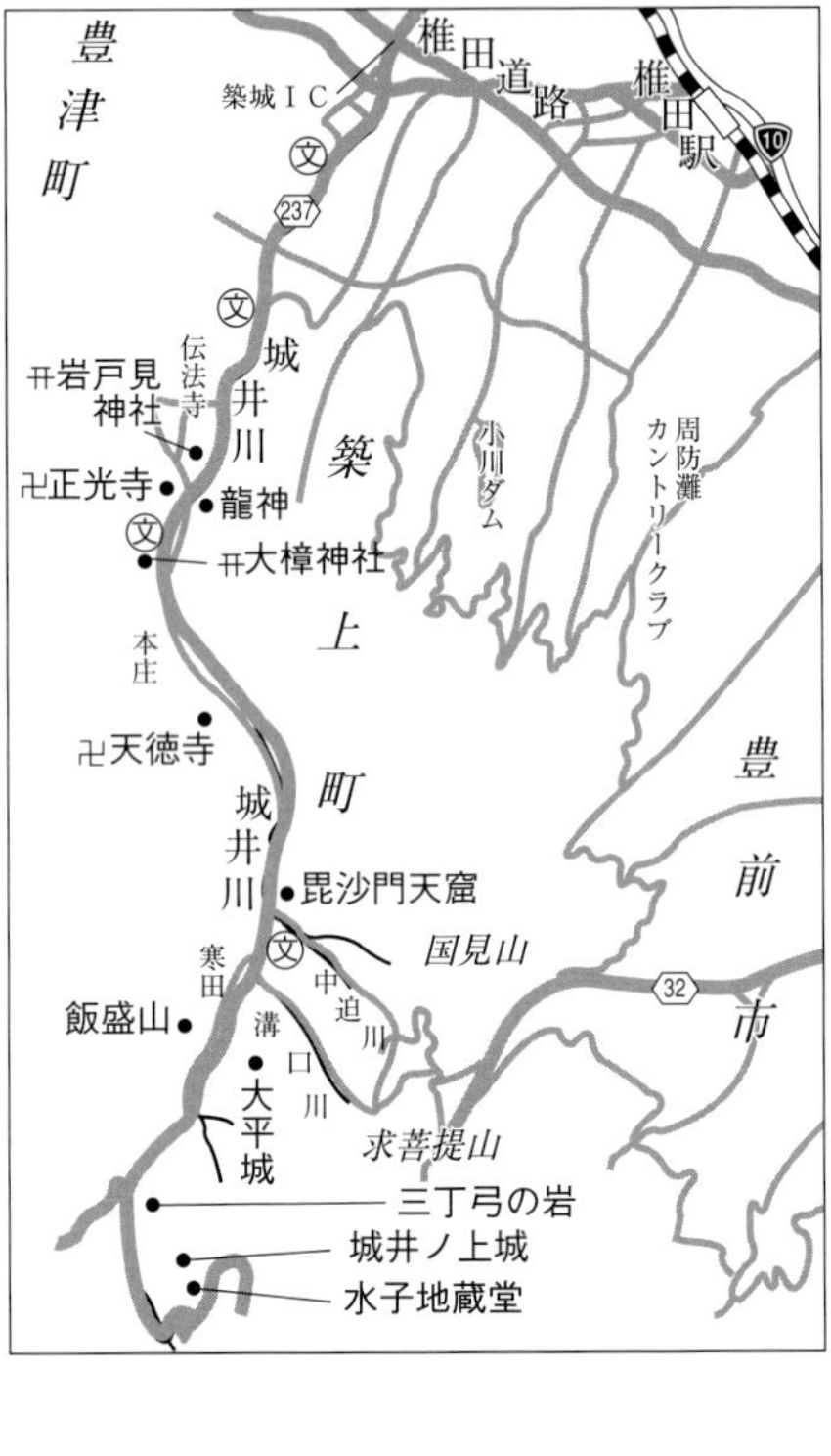

る。黒田二十四騎の一人で、宇都宮氏が謀叛を起こした際、黒田の家臣として先頭に立って戦った人物だ。筑前に移り黒田孝高（如水）の後を継いだ長政と意見が合わず、一万六千石を投げ捨てて正光寺の近くで暮らしていたというのだが、定かではない。

**▼龍神（伝法寺）**

城井川の左右に遠く連なっていた山が急に迫り、城井のひょうたん地形といわれるくびれ部分に出る。川は中洲になってメタセコイアなどの雑木が生い茂っているが、昔、水の神である龍神が住んでいたという。龍神はいったん怒ると荒れ狂うので、村人は日ごろから怒りを鎮めるために丁重にお祀りをしていた。ここを「一の戸」という。

くびれの自然の地形が要塞にはうってつけで、城井宇都宮の第一の関門となり、丘の上には「遠見番所」が設けてあった。

**▼本庄の大樟（下本庄）**

一の戸の上流に大樟神社がある。その名の通り大樟が天に枝を広げ、堂々とした悠久の生命力に圧倒される。日本三大大樟の一つ「本庄の大樟」は、推定樹齢一九〇〇年とか。寛政四（一七九二）年の木版画に「木心部空洞、一方に口あり」と印刻されている。明治三十四（一九〇一）年十二月に

上・岩戸見神社
下・正光寺ご本尊の文殊菩薩

洞内に寝ていた浮浪者の焚火の不始末で炎に包まれたが、一枝だけ生き残り芽を吹いた奇跡の木だ。幹は焼け焦げ、洞内はいまも黒いスミをつけたままである。かろうじて外皮で繋がり五本の支柱で支えられた大樹の、なんとすごい姿だろう。幹から、枝葉から、生命のざわめきが聞こえてくる。年輪がうねるこの強靭な生命力に、まるで女神を思わせられた。

伝説に景行天皇が九州平定のため樟を植えて戦勝祈願をしたといわれ、「景行天皇熊襲征伐のみぎり、土蜘蛛退治を祈願し植えた」とある。また神功皇后が三韓征伐のとき、異敵降伏の祈願をさせたというご神木なのだ。大分県の宇佐神宮は神亀二（七二五）年に創建され、元慶四（八八〇）年に太政官符によって式年遷宮が決まり、杣山が選ばれた。この大樟は、三十三年毎に造営される一の御殿造営のとき、杣山から神木を切り出して「杣始めの儀」を行ったところである。ちなみに二の御殿は豊前市の白山神社、三の御殿は三光村の槙坂の大樟と決められている。

大樟神社のあたり一帯は、かつて宇佐神宮の創建に参画し、宇佐神宮神官となった大神《おおが》氏の所領だったということから、大樟神社と宇佐神宮との密接な関係がうかがえる。

大樟神社の祭神は、日本《やまと》武尊《たけるのみこと》と応神天皇。民衆の崇める鎮守の神と違い、朝廷や武家の祀る神は血なま臭くて好きになれない。

平成七年十一月三日、安政三（一八五六）年以来、実に一三九年ぶりに復活し、大樟神社で杣始祭が行われた。二回目は平成十六年に行っている。

## ▼宇都宮氏の菩提寺—天徳寺（上本庄）

県道から天徳寺の矢印に沿って山麓まで行くと、三方山に抱かれた月光山天徳寺がある。正慶年間（一三三二—一三三四）、五代頼房が城井の若山城に移ったとき、菩提寺として建立。階段に沿って無数に咲くツツジが、しっとり濡れて妙に艶かしく体を震わせていた。

本堂裏に宇都宮長甫、鎮房、朝房親子三代の墓が並んでいた。「鎮房の墓は胴が切れ、血の色を滲ませて苦しげだった」「何度建て直しても胴が切れ、血の色の石アザが出る」という伝説が語り継がれている。よく見ると墓に斜めの線が走っている。黒田長政にだまし討ちにあった怨念がいまも残っているのか、四〇〇年以上の歳月をこえてもなお無念の涙を流しているのだろうか。墓を見ると哀しく、そして切なかった。

宇都宮一族だけではなくかつての領民にとっても、黒田憎しの恨みはいまも根深い。宇都宮鎮房については「もえぎ色の衣の似合う偉丈夫だった」「立派な政治をした方」「領民思いの方」などの思いがこのあたりでは特につよく、うっかり悪く言おうものなら怒られてしまうからご用心くださいませ。

上・災禍に見舞われながらも生き続ける本庄の大樟
下・大樟の洞にはいまも黒い煤が残っている

### ▼毘沙門天窟ー寒田登山口（寒田）

櫟原《いちきばる》を過ぎ二つ目のくびれ、二の戸橋を渡れば寒田《さわだ》に入る。寒田は「狭度郷《さわたごう》」と呼ばれていたように、峻厳な山々に囲まれた谷間の細い地形である。旧寒田小学校から一〇〇メートルほど手前の、民家の裏山を少し登ると毘沙門天窟がある。宇都宮氏の寒田城塞の北の関門を、毘沙門天は護っていたのだ。武神である木造の毘沙門天を祀る岩の割れ目を見ると、その自然の造形にため息が出る。割れ目を押し開くように石柱が横一本通り、なかは人ひとり出入りできる広さがあった。

この毘沙門天は求菩提

から飛んできてこの窟に入ったという。村人が求菩提山に返すと、また飛んできて「ここが一番よい」と窟のなかに入った、と伝えられている。

廃校になった小学校跡から登っていく道が乳呑み坂だ。五十分ほどで芭蕉塚、そして求菩提山尾根道の乳呑み峠へ出る。鳥井畑まで一時間半、この道を誰言うとなく「夜這い道」と呼び、男と女の恋の通い道だった。乳呑み坂の哀れな話も、この恋の坂道から生まれているのだ。

上・毘沙門天窟に祀られた毘沙門天
下・毘沙門天窟

### ▼飯盛山東光寺跡（寒田）

城井川に架る鶴畑橋の向こうにこんもりとした三角の山が見える。飯盛山だ。かつて求菩提六峰の一つで、行善が白山権現を勧請して開山した「飯盛山東光寺」があった。求菩提に護国寺を建立したのと同時代である。康治二（一一四三）年、国宝「銅板法華経」を刻んだ頼厳和尚の弟子六哲のひとり、上足勢實が上宮、中宮の社殿を建立したとある。勢實も銅板経の執筆者として名前を刻んでいる。

宇都宮氏が寒田に進出したころ、東光寺は六峰から姿を消している。天正十六（一五八八）年、宇都宮氏が黒田氏に滅ぼされたとき、東光寺は焼き討ちに遭い焼失してしまった。

▼大平城（寒田）

飯盛山と県道を挟んだ東側、求菩提山と峰つづきの大平山（四〇〇ｍ）に、かつて宇都宮氏の本城である大平城があった。本丸、二の丸、出丸、そして馬の調練場まで備えた典型的な山城だったという。城の裏手を登ると求菩提山と犬ケ岳をつなぐ尾根に出る。

▼埋蔵金伝説

〽朝日かがやく　夕日かがやく
　山と山との間に　大判千両小判千両

この唄が、地元に唄い継がれている。

絶対にあると信じていた「埋蔵金伝説」があった。求菩提に通って三年、やっと耳にすることができた。やっぱり！　宇都宮四〇〇年の歴史のある地、それも追い詰められて惨殺され、悔しさもひとしおの怨念を残しているのだ。いつの日かお家再興のそのときのために、軍資金は残しておかねばならない。領主でなくても、私だって考えるだろう。山中には幸い隠すところはいっぱいある。前々から埋蔵金伝説があるに違いないと信じていたのだ。

唄にあるような、朝日も当たり夕日も当たるところとは。それも山と山の間である。当然、平地でも谷でもない。であれば「あそこしかない」と地元の人は言う。埋蔵金を探索したことのある地元の人は「絶対、あっこに宝が埋まっちょうけのう。そこだけは異様な雰囲気があったぞ」と言うのだ。そこは、山と山との間、すなわち犬ケ岳と求菩提山の間しかない。

上宮から辰の口を廻って裏参道を行くと、胎蔵界護摩場跡に出る。左の斜面を下ると五窟だが、まっすぐに進むと犬ケ岳と結ぶ尾根道がある。朝日も夕日も当たるところは、その尾根のどこかに違いないというのだ。

麓ではずっと以前から、唄の文句を頼りに山のあちこちを探し廻っていたらしい。何しろ大判千両小判千両が隠されているのだ。放っておくわけがない。あるとき地元の人たち数人で、埋蔵金を掘りに山へ登ったという。尾根道の見当をつけたところを五、六間掘ったろうか、急に腹に激痛が走り、掘り進めなくなった。

左奥に見えるのが三丁弓の岩

そのうち寒気はしてくるし、何か異様な雰囲気で、恐くなってそのまま帰って来たという。

地元の人が目星をつけたところから麓に降りると、宇都宮氏の山城があったところだ。尾根道に埋蔵していてもおかしくはない。歴史の壮大なロマンは、いまもかがやき夢を与えているのだ。

残念なことに現在は林道が造られて、その場所がわからなくなったという。

**▼三丁弓の岩**（寒田）

牧の原キャンプ場から五〇〇メートルほど行くと、道は城井川と離れて細い林道に入って行く。深い緑のなかに小さな模型のお城が顔をのぞかせる。城の背後には三〇メートルほどの大きな岩が屹立し、行く手を阻むように立ちはだかる。わずか三丁の弓があれば、いかなる大軍といえど阻止できるという「三丁（張）弓の岩」だ。天正十五（一五八七）年十月、長政率いる黒田勢が城井の山城に攻め込んだが、瓢箪地形の天険に振り回されて散々な目に遭い、命からがら逃げて行った場所である。

豊前には宇都宮氏を慕う思いが根強く残っており、盆踊り唄にも「城井落城物語」として信房の入国から鎮房の斬殺までの口説が歌い継がれてきた。

太閤秀吉　天下をとりて　城井の城主　鎮房公に四国今治　国替えさせよと　強くきびしく　沙汰してくれば　思索つくづく　してみたけれど　十と七代　しづまる墓地や　なれし農民　一族たちと　別れきれずに　秀吉公に　朱印返上の　評議は決まるそれと聞くより　秀吉公は　中津城主の　黒田をよんで　城井を攻めよと　命令下す　攻めて見たれど

城井の郷城は　難攻不落の自然の地の利　弓や刀の
軍じゃ勝てぬ

いまも車一台やっとの道幅だが、当時は人ひとり通れるだけの狭い山道だったのだろう。大岩が迫って道を塞ぎ、気温も一、二度低くなったのか冷気が立ち込める。いよいよ天嶮、城井《きい》ノ上城《こうじょう》へ。

### ▼水子地蔵堂（寒田）

城址へ入る直前の曲がり道に水子地蔵の幟が立ち、帽子やよだれ掛けの明るい色が目を引いた。賽の河原の哀れさも緑豊かなロケーションのせいか、ほっとやすらぎを感じる空間だ。殺伐とした歴史を刻む城跡をたずねる前に、わき水で一息入れようか。

城井ノ上城の表門

境内の奥の社のなかに私の背丈ほどの「まら観音」が鎮座。そのつやつやした立派さに、思わず手を合わせる。たくましい出っ張りを擦りながら、いつまでも健康を願わずにはいられない。さて、元気が出たところで、城跡へ向かった。

### ▼城井ノ上城（寒田）

林道に「城井ノ上城址入口」の碑が「宇都宮一族を偲ぶ会」によって建てられている。宇都宮氏は城井川沿いに点々と城を築くが、最後の砦はこの城井ノ上城だった。別名「鬼ガ城」「城井の籠城」といい、敵を逃れて籠るための城である。

山に入るとまず待ち受けていたのは、自然巨岩の石門で「一夫ここを守れば万夫をも阻む」と言われた表の追手門だ。岩が重なり合った自然のトンネルは狭く、人ひとりがやっとくぐれる幅しかない。通り抜けるとすぐに壁のような急な斜面だ。敵が攻め込んだとき足止めされて勢いをそがれたことだろう。斜面を上って振り返ると追手門は地の底にあって、大きな口を開けた奈落のように見えた。

本丸跡は高い岩壁と川に護られた開けた空間にあっ

城井ノ上城の裏のくぐり門

た。周囲の峰々に出丸があって、谷に吊橋を架けて連絡をとっていたという。この地で生死をかけた激しい戦があったのだ。いまはすべてが夢の跡で、岩壁に小さく身を寄せて城井神社が祀られているだけ。本丸から登ること二十分で裏門に着く。山の中腹に建つ城は当然ながら、すべて斜面になっている。あえぎながら着いたところは、四方を岩壁に囲まれた袋小路だった。

　裏のくぐり門はどこだ。見渡しても出口がない。ふと見上げると天井にぽっかり穴が開いて、青い空が丸く輝いている。これが「裏のくぐり門」と気づくまで一瞬の間があった。岩壁の高さ四、五〇メートル、斜面にロープが下がっている。ロープを伝って途中まで登ると、あとは垂直の壁面に爪先一つ入る穴とぶら下ったクサリだけ。足先で穴を探り、一足一足体を運んで上って行く。丸い壺の底から、這い上がっていくようだ。恐々登って入るうちに危険を忘れてワクワクしてきた。探検家になった気分だ。

　くぐり門を出ると、深い山々がパノラマのように連なっていた。黒田との戦いでは求菩提の山伏が大活躍をしているが、山から山を駆け巡る神出鬼没の山武士（山伏）の姿が目に浮かぶような風景だ。

　山頂は予想外に風が強く、体のバランスを崩しそうだ。求菩提おろしは「鬼おろし」と言われるほど激しく吹くと聞いている。まだ山の上から風にのって飛ぶほどの霊力はないので、くぐり門の上にあるのろし台を見に行くのを断念した。

　いまからおよそ四〇〇年前、城井谷を舞台に戦国時代を駆け抜けた武将がいた。鎧兜に身を包んだ男たちは、山の斜面を走り、くぐり門に駈け登り、城を守って死んでいった。豊前の歴史は宇都宮氏を抜きに語れない、と城井川に沿って歩きながら思った。

# 山伏の盛衰

▼山伏の全盛期

欽明七（五三八）年に日本に仏教が入ってくる以前から、日本古来の山岳信仰によって山々は開かれ、山岳修行が行われていた。

日本に伝えられた仏教は当初、貴族たちのもので、聖徳太子が仏教をもって政《まつりごと》を行おうとして以来、仏教は行政が取り仕切っていたように思う。民衆を支配する目的のために各地に国分寺を設置したり、為政者の権威の象徴として寺や大仏を建立するなど、仏さまは民衆の側になく朝廷や都を中心に存在していた。

八世紀後半、最澄と空海という偉大な僧が出現した。空海は山林修行ののちに、中国から密教を持ち帰り「真言密教」を確立する。最澄は天台宗に密教を取り入れた「天台密教」の礎を築いた。浅学の私は密教と聞くと、何かおどろおどろしい淫靡なものを想像してしまうが、密教の「密」とはそもそも、仏と人との出会いを言うのだそうだ。

二人の功績の一つは、腐敗の噂の絶えなかった奈良仏教を本来の仏教に戻すため、都（平野）にあった寺を政治と切り離し、山に入ったことだろう。最澄は比叡山に、空海は高野山に修行の根本道場を作った。

余談になるが、延暦二十二（八〇三）年に最澄は遣唐使の一員として唐に渡る途中、船が難破。ひとりで九州に渡ってつぎの船を待つのだが、その間に、現在の田川郡香春町にある香春神社で航海の安全祈願を行い、周辺の寺社で精力的に布教活動を行ったという。求菩提山へも参拝し、このとき「山徒は傳教大師（最澄）に帰依した」と「求菩提山縁起由来」に記されているが、定かではない。

最澄の天台宗も空海の真言宗も、山中の厳しい修行によって験を会得するが、山伏は同じ修行をしても、いわゆる出家僧侶とは違う。精神と同時に身体で体得した能力を実践する宗教である。

その山伏に、まず目をつけたのが貴族たちである。平安時代、末法思想が流布し、怨霊や災害に苦しむ貴族の間に納経が流行した。神聖なる場所として深山幽谷が求められ、その案内として山伏の力が必要となったのである。

山伏は全国の山々を駆け巡り、納経に適した場所を探して、貴族たちを案内する。さらに長い道中の面倒もみなければならない。楽しい旅をしてもらうには、豊富な話題と話術、また品格も必要であり、いまでいうガイドの役割を担っていた。無事に納経をすませると、その後の祀りをしなければならず、次第に山伏は霊山ごとに組織化されて強固なものになっていった。平安時代の終わりから鎌倉時代にかけてが、山伏の全盛期といわれている。

鎌倉時代の作といわれる木造不動明王立像（国玉神社寄託・福岡県求菩提資料館蔵／写真提供＝重松敏美氏）

山は一山一国の治外法権区域であり、守護不入の法域だった。自らの掟をもって取り仕切り、一つの国家を作っていた。修行に励み人智を超えた力を身につけ、その上民衆の信頼も厚い、そんな山伏につぎに目をつけたのが武士だった。

山と領民は信仰で固く結ばれている。敵に回せば恐い存在になるだろう。中世の領主は山伏の力を見逃さなかった。「山を抑えることは、国を抑えること」、そして山伏を「いざというとき力になる」と考えたのも当然だろう。

薬草の知識もあり情報も豊富、呪術・武術もできる。そのうえ山を知り尽くしている「知識のマーケット」のような山伏を味方にすれば百人力だ。建久六（一一九五）年、豊前に入国した宇都宮信房は、まず英彦山を中心とする山伏集団との融和に力を注ぎ、支配力を広げて行った。

### ▼宇都宮氏と求菩提山

初代宇都宮信房は平家が壇ノ浦で滅んだ文治元（一一八五）年、九州へ落ち延びた平家の残党追討の命をうけて豊前に派遣された。頼朝の命令に背いた義経を捜すためだったという伝承もある。信房は貴海島（現喜界島）にひそんでいた平家の残党を討ち、その功績によって日向、豊前の所領が与えられ、地頭職についた。「泣く子と地頭には勝てぬ」の地頭職だ。

不動明王の脇侍として作られたとされる童子形立像（国玉神社寄託・福岡県求菩提資料館蔵／写真提供＝重松敏美氏）

入国した宇都宮氏は、平家に味方した大蔵一族を追放し、伝法寺荘などに残存した宇佐神宮などの宗教勢力にも対抗する必要があった。このためにはまず神仏を勧請して寺社をつくり、修験者や領民に信仰の深さを見せて抵抗をやわらげることに努めた。文治元年四月、下野国より岩戸見大明神を勧請し、現在の築上町伝法寺に社を建て、同じ敷地内に不老山正光寺を創建し、ご本尊の文殊菩薩を祀っている。

求菩提山への対策として、文治二年正月七日、豊前市山内の如法寺《ねほうじ》に信房の三男信政（法名・生西）を座主に入れ、二六町歩を寄進。以後信政は如法寺氏を名乗るようになる。宇都宮家の記録では、信房が如法寺を開基したように記されているが、おそらく再興を意味しているのだろう。「如法寺筑前守」と求菩提山との寺領争いについて記した古文書も、求菩提山に残っている（『豊州求菩提山修験文化攷』）。

それ以来、宇都宮氏が黒田孝高

に滅ぼされる天正十六（一五八八）年まで、如法寺氏はその勢力を広げようと求菩提山と領地争いをくり返し、脅かしつづけることになるのだ。

宇都宮氏は建仁元（一二〇一）年に、十九町歩を求菩提山に寄進して檀那となり支配を強め、蔵持山に弟の業政（西郷氏）を、檜原山に弟の重房（野仲氏）などの一族を置き、飯盛山には見かじめ役を置いた。

文永十一（一二七四）年から弘安四（一二八一）年、蒙古の襲来が相次いだ。文永の役では宇都宮氏は四代通房が嫡男の頼房とともに活躍し、鎮西談義所の四奉行の一人となる。文永の役の後、北条時宗は博多湾に高さ三メートル、厚さ二メートルの防塁造りと、昼夜の警護を九州の御家人に命じた。長い日数と分担金の支払いは終わることがなく、御家人は重い負担を強いられる。

四代頼房は防塁造りの荷役にも、体力のある山伏を使ったのではないだろうか。頼房は山伏との結束をより強固にし、元寇の役の大任を果たして九州屈指の武将の地位を築いていった。

さらに頼房の二男景仲の子貞清は、求菩提山に入り「権大僧都法印に叙せられ、長順貞清」と称し「一山の山伏を率いて戦陣に臨む」（『豊州求菩提山修験文化攷』）。以来、求菩提山の山伏は、宇都宮軍団の一翼を担う有力な戦力となり、修験者であると同時に「山武士」と称した戦闘集団となっていく。

正中元（一三二四）年、宇都宮氏は犀川から現在の築上町に本城を移し、月光山天徳寺を建立して菩提寺とした。本城のあったところは、のちに「本庄」という地名となる。同じころ、六峰の一つであった飯盛山東光寺が求菩提山の領地から消えている。「隣主寺領を押領する」と、求菩提山の古い記録にある。

正慶二（一三三三）年、頼房は英彦山の座主が亡くなると、後継者に北朝の後伏見天皇の第六子である長助（助有）法親王を据え、その内室に頼房の弟（如法寺座主）の娘を入れた。さらに家臣の塩田内記を、「山番」と称して一八〇〇石を与え求菩提山に常駐させる。山番は城代と同じ権限を持つ山の実質的支配者だ。徐々に根気よく、まるで「蚕食のように」宇都宮氏は求菩提六峰のすべてを手中に収めていった。

## ▼宇都宮氏の滅亡

同年六月、鎌倉幕府は崩壊。建武の親政も一年半と続かず、五十年にわたる南北朝対立の時代となった。南北朝期は、中央で南朝と北朝が対立し、これが地方に反映して複雑な様相を呈した。地方の領主たちは、あるときは南朝方にあるときは北朝方にと右往左往し、時代は戦乱と政乱のるつぼと化していった。宇都宮氏は当初、新田氏とともに戦っていたが、新田氏が滅ぶと尊氏につき、後は終始北朝方について戦っている。

宇都宮氏は城井川の上流に「籠城」となる城井ノ上城を築く。裏門は求菩提山の中腹にあり、山伏と宇都宮氏の関係はいっそう深まった。城井谷は細い谷に沿って奇岩が屹立しており、人ひとりしか通れない岩と岩の間を抜けた山中に城はあった。渓谷は自然の要塞であり、山中のゲリラ戦となれば、山を知り尽くした山伏にかなう武士はいない。

白蛇となって現われた千代姫（鶴姫）は宇賀神社に祀られている

こうして山には城が築かれ、山伏は兵力として参戦するようになり、宇都宮氏にとって山伏はなくてはならない存在になっていた。それと同時に山伏集団は政治に翻弄され、本来の信仰とは違ったものになっていく。修験の法灯を守るためにやむなく従ったとはいえ、逆に道を踏み外し衰退していくことになるのだった。

九州は南朝の勢力が勝り、大友氏、島津氏なども南朝方に降り、この時、宇都宮冬綱も降伏している

正平十四（一三五九）年、肥後の菊池氏は懐良親王を擁し、大友氏を討つために豊後へ出兵、筑前の少弐氏などと筑後川の大保原にて激突した。宇都宮氏は冬綱が少弐に、冬綱の義弟の隆房は菊池氏について戦ったが、この戦いは菊池氏の勝利に終わり、冬綱は豊前に引いた。以後、南朝の九州支配が十年続く。

領主の動きで山も右往左往する。それは求菩提山だけではない。建武元（一三三四）年、楠木正成は山伏を尊氏と戦わせ、戦国期になると、織田信長は比叡山延暦寺を焼き討ちするなど、英彦山も、龍造寺氏や大友氏などからしばしば攻撃されている。もはや山伏集団は陰の存在ではなく、手強い武力集団とみなされ標的となっていた。

南北朝の合一がなったと思うと、すぐに次の戦乱の時代が来た。応仁の乱（一四六七年）である。

九州は豊前の守護だった大内氏に対し大友氏が対抗する。これに少弐氏が加わり、再び複雑な抗争が繰り広げられた。宇都宮氏は初め大内氏について戦い、大内氏が滅亡すると、大友氏の幕下となった。

大内氏が苅田松山城を攻めたときに、等覚寺座主堯賢が山伏を率いて松山城の応援に駆けつけようとしたことが『応永戦乱』に記されている。

度重なる戦乱に巻き込まれて山は混乱し、多くの山伏が山を捨てて下山した。このころ、山は大友寄りであったが、豊前・筑後で反大友の動きが活発化しており、それに同調する山伏もいるなど必ずしも一枚岩ではなかった。キリシタン大名である大友に、不安もあったのだろう。大友宗麟が豊前を支配した時期である。山の混乱を鎮め、山に戻るよう山伏を戒めた大友宗麟の下知状が残されている。

当山の事、往古以来守護使不入、
ことさら甲乙人ら濫妨狼藉停止の処、
不慮の出来《しゅったい》ゆえ、衆徒中離山の段
注進、言語に絶し訖《おわんぬ》、自今以後悪逆の
族堅く制止を加えるべきの条、早々帰山し
行儀・法度を専らとし、国家安全・武運長久の
懇祈に励まれるべくの状、件の如し
永禄九年五月二十八日
左衛門督入道宗麟

（求菩提山は昔から守護使不入である。特にどんな者も乱暴、狼藉を働く事は禁止である。ところが不慮の出来事があって衆徒が山を離れたとの報告があった。大変憂慮している。今後は悪いことをする者たちを厳しく制止するので、早く山に帰って行儀

〈仏事の法則〉、法度を守り国家安全、武運長久の祈禱に励まれるよう）

永禄九年になにが起きたのか不明であるが、修行に励み、往古の法灯を守るようにと言っている。内部で大友と反大友の暴力的な内紛が発生したのではないか。大友氏と島津氏の耳川の戦いが大友の敗戦で終わると、大友氏は急激に衰え、豊臣秀吉の臣下となり、秀吉に九州への出兵を依頼する。

こうして、秀吉の九州平定がなった。そして天正十五（一五八七）年七月、宇都宮氏は秀吉から国替えを命じられた。十六代鎮房の時代である。しかし鎮房は、秀吉の命令を無視する。

情勢を見誤ったのか、成り上がりの秀吉ごときの言いなりになるものかと、豊前一の名門のプライドを最後まで捨てず、男の面目を通したということなのか。初代信房が豊前に入国以来、代々守り続けた土地を捨て、おめおめ従うくらいなら潔く花と散ろうと考えたのか、後世の人々は潔い後者の説をとるようだ。ひょっとしたら判断が誤っていたと、あの世で悔しがっているかもしれないが……。結果、黒田孝高によって滅ぼされることになる。

天正十五（一五八七）年十月、鎮房はじめ、野仲氏などが一斉に蜂起する。宇都宮鎮房と黒田長政の戦いで、求菩提の山伏は大活躍をしている。城井谷の峻厳な岩山を利用した山城は黒田勢を寄せつけなかった。黒田の鉄砲隊も役に立たない狭い尾根道、入りくんだ馬道を我が庭のように駆けめぐり現れる城井の騎馬兵。

「尾根筋を真向から切り込んだ求菩提山城番塩田内記の一隊が突出部を切り崩すと、それを契機に城井勢の主力が屋根筋をきりもみ状に突進、黒田勢はいきおい左右の谷に払い落とされ」（『築城町の史蹟と伝説第二集』築城町史跡調査委員会編、築城町教育委員会発行）、長政は命からがら落ちのびている。

黒田は鎮房以外の反乱を鎮圧すると、一計を案じた。鎮房の娘、千代姫（鶴姫とも）を嫁に迎えることで和睦に見せかけ、同十六年四月二十日、鎮房を中津城に呼び出して斬殺。長政はその足で城井城を襲撃して家臣を皆殺しにし、捕らえた女たちは中津の広津川原で磔にした。それから一〇〇年以上あと、殺された千代姫が足のある白へびとなって現れたとかで、山国川の宇賀神社に祀られている。

宇都宮氏滅亡後、黒田孝高が求菩提山に知行五十石を寄進する。孝高が求菩提山の桜見物に来たときの短歌が、求菩提資料館に展示されている。

山ふかく分入る花のかつ散りて春の名残もけふの名暮　円清（如水）

慶長三（一五九八）年、秀吉が没し、同五年に黒田氏は筑前に移る。入れ代わりに細川忠興が入国し、山に五十石を寄進、西谷に愛宕社を建立。同八年、家康は征夷大将軍となり徳川時代となった。細川氏は寛永九（一六三二）年に肥後へ。そして小笠原忠真が領主として入国。求菩提山の座主は細川氏から入っていたが、領主が小笠原氏に代わっても、その後六十年間は細川氏が座主を務めている。小笠原氏から座主に入るようになるのは、その後である。元禄五（一六九二）年、小笠原氏は座主を世襲と定め、座主の知行は一五〇石とし、小笠原氏の山の支配は明治維新まで七代続いた。最後の座主は文久元年、豊後立石の城主木下図書亮の九男で、養子として入った延寿王院俊政である。

求菩提の山伏は小笠原に従って、島原の乱に出陣している。江戸期は小倉藩の庇護を受け、寺社奉行の支配下にあった。このため、修験の独自性は失われ、藩主の祈禱所的な性格となってしまった。

### ▼キリシタン禁止令と寺請制度

織田信長はポルトガルの宣教師ルイス・フロイスと会見したとき「坊主らは金銭をえ、肉体を喜ばしむることのほか望むものなし」と言って、キリスト教の布教認可を与えている。信長亡きあとその意志を継承した秀吉だったが、キリシタン大名らが神社仏閣を破壊するなど、天下の法度を守るよりキリシタンの法に従う傾向をつよめていく様子に激怒。天正十五年、九州へ下った秀吉は、キリシタン禁止令を出し、宣教師を国外に追放せよと命じた。

標的はキリシタンだけでなく、修験の山にも「制札」を発布して、監視を強化する。

制札

一、くふて山対衆中、らうせきの事
一、本堂まハり竹木採用事
一、けんくわ・こうろんの事
右条々堅令停止畢
若違犯之背（輩）堅可成敗者也
天正十五年十一月晦日　黒田官兵衛　他

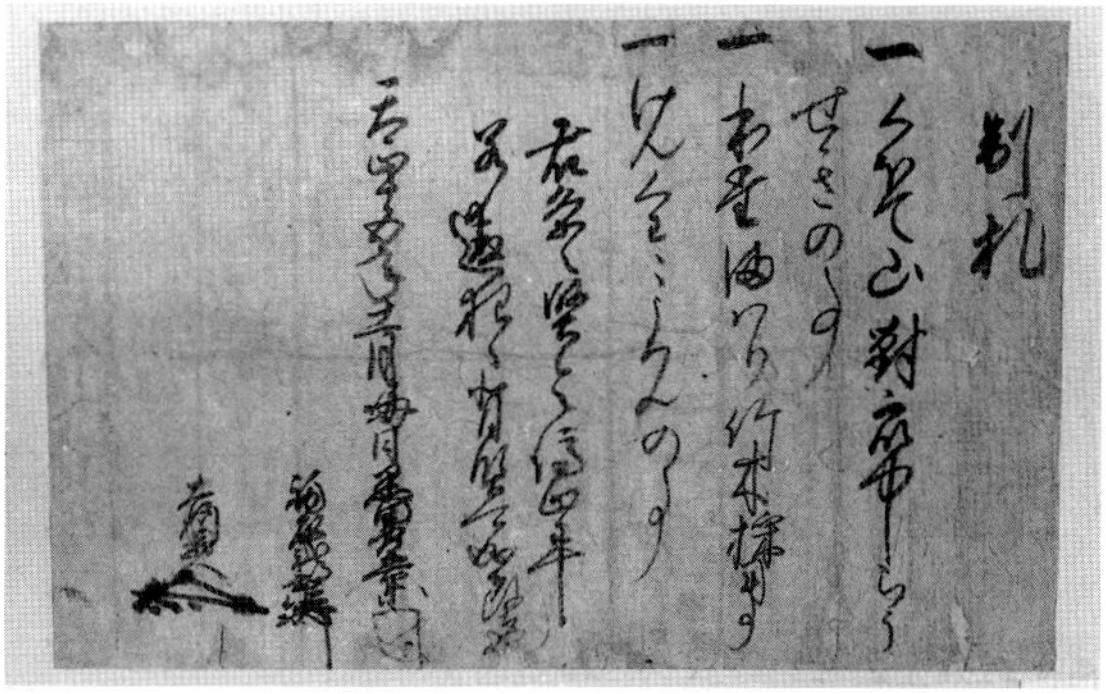
黒田官兵衛が発布した求菩提山の山伏への制札（福岡県求菩提資料館）

求菩提山の山伏が乱暴をすること、本堂のまわりの竹や木を切ること、喧嘩や口論をすること、以上の三つは固く禁止する、といった禁止令だが、日付を見ると城井谷で黒田勢と闘った直後である。宇都宮氏に従った求菩提山に対し、制札を発布することで、山が秀吉の支配下に入ったことを知らしめているのだ。

さらに徳川時代になると檀家制度を設け、日本人は必ずどこかの寺の檀家となり、キリシタンではない証明をしなければならなかった。宗門改役は、当初キリシタン奉行と呼ばれ、寛永十二（一六三五）年には寺社奉行の職制が定められ、寺社はその管理下に置かれることになった。さらに寛文四（一六六四）年には十五歳以上六十歳までの男に、宗門改めを義務づけた。

檀家制度によって山伏も檀家を持つようになった。登録制になったので今までのように里に下りて、門立ちをしてお布施を受けたり、護符や薬草を売り歩いたりする必要がなくなった。廻檀といって一年に一度、廻檀送り手形を受けて檀家回りをすればよかった。天保三（一八三二）年の「惣坊中檀家改帳」によると、求菩提山の各坊のもつ檀家総数は二十五万軒、地域は九州九県と周防・長門まで広範囲にわたっている。

警戒心のつよい家康はさまざまな法度を出して社寺の個々の自由を奪い、管理を徹底していった。修験は、「天台宗修験（本山派）聖護院門跡」「真言宗修験（当山派）醍醐三宝院」「吉野派金峰山寺」の三派に整理され、必ずどこかの末寺になることを義務づけた。所属を決めて本寺の命令に従わせ、さらに本寺を幕府がおさえて統制するためでもあった。

権力者に服従し保護をうけるようになった修験の山は職業化し、村の貧しい少年が口べらしで弟子入りしたり、はぐれ者が隠れ住むようになった。また檀家制度は坊の貧富の差を拡大した。檀家も一万を超える坊から、一〇〇軒に満たない坊と大きな開きが出た。有力坊は金や力のある檀家をたくさん持って、裕福になる。弱い坊は檀家の数も少なく、貧しい家が寄ってくる。経済的に立ち行かなくなった坊は檀家を売りに出して山を降りた。裕福坊はそれを買い取ってさらに大きくなるという、弱肉強食の時代になった。

中世以前は坊屋もバラックだったが、檀家を持つようになると、お詣りに来る檀家を泊めるため宿坊が大きくなる。金のある坊は経営者になって、ますます檀家の上にあぐらをかき修行の必要はなくなった。それは山伏の世界だけではなく僧侶も同じで、寺も葬祭場化されたまま今日に至っている。

当然、修行という目的を失った山伏の生活は乱れ、本山・当山派間の紛争が続発、江戸末期には山で博打の賭場が開かれたり、酒に酔い女と遊び、山伏に対する評判は悪くなり、苦情も聞こえるようになっていた。さすがに幕府も目に余るものがあったのか、各本寺へ法度の条文をたびたび発布して戒めている。

享保元(一七一六)年の「当山方修験御条目」には、

一、入峰に励み、併せて施物をうけたり、作法を疎んだりなど慎むこと。

一、在家より祈願を頼まれたとき、施物や酒宴を強要してはならない。膳部等は二汁二菜、酒三献にかぎるべし。

などのほか、衣服・相続・内輪もめなどなど、細部にわたって注告・約束事が記されている。

衰退をものがたるように坊の数が減少していく。一山五〇〇坊を誇った求菩提山も、享保二十(一七三五)年には一二五坊、慶応三(一八六七)年には七三坊になった。

山伏を考えるとき、一概に論じることはできない。鎌倉時代を境にその姿を異にしているからだ。本来自然と一体になって身を投げ出し、山に伏して験力を得た山伏だったが、鎌倉時代に武士が目をつけて戦力として利用され、さらに秀吉、家康によって管理支配されるようになると、修験道の「道」から外れていく。衰退した修験道は明治五（一八七二）年の「修験道廃止令」によって終止符をうち、山から追われていった。

### ▼求菩提山伏の衰亡

慶応四（一八六八）年、明治新政府は「神仏分離令」を発布した。「日本古来の信仰は神である。仏はその後に伝来したものだから、神社と寺院は別のものである。はっきりと区別せよ」という布告が出た。神仏習合の修験道も、寺院か神社か分離を迫られたのだ。

求菩提山が苦渋の選択をしたのは神道で、護国寺は国玉神社と改名した。山号の「求菩提山」も仏教に由来する名前であるからと、岩嶽山に変わる。鐘や額や山の仏関係を取り除く作業が大急ぎで始まり、仏像を焼いたり谷へ投げ捨てたり、主要なものは多宝塔に押し込み隠そうとした。山の大混乱に乗じて仏像や法具、絵画や経巻など紛失する始末だった。

山の混乱に追い討ちをかけるように、廃仏毀釈の運動が起こる。神道家などを中心にした、仏教排斥運動である。寺院や仏像は毀され、僧は追放され、墓の戒名も消されるなど、日本中を嵐が吹き荒ぶように、仏教文化が崩壊されてしまった。求菩提の首なし地蔵はそのときの嵐の凄さを物語っている。

しかし、「神職」と名前は変わっても修験者は檀家廻りをつづけ、護符を売ったりお祓いの祈禱をしたり、やることは相変わらず山伏だった。ところが明治五（一八七二）年に「修験道の儀今被廃止」の条文によって、修験道までも廃止されてしまった。座主以下山伏の末端まで坊名を捨て、改名還俗をしなければならなかった。

明治二年の「改名上申」を見ると、名前には越後、播磨、筑前といった国名をあて、坊の先祖は藤原と源氏ばかりである。大急ぎで改名する山伏たちの混乱がうかがえるようだ。右往左往の山伏に、またまた二年後の明治七年「祈禱禁止令」まで出されては、息の根を止めるに十分だった。

農業を始める者、山に留まり茶畑を桑畑にかえて養

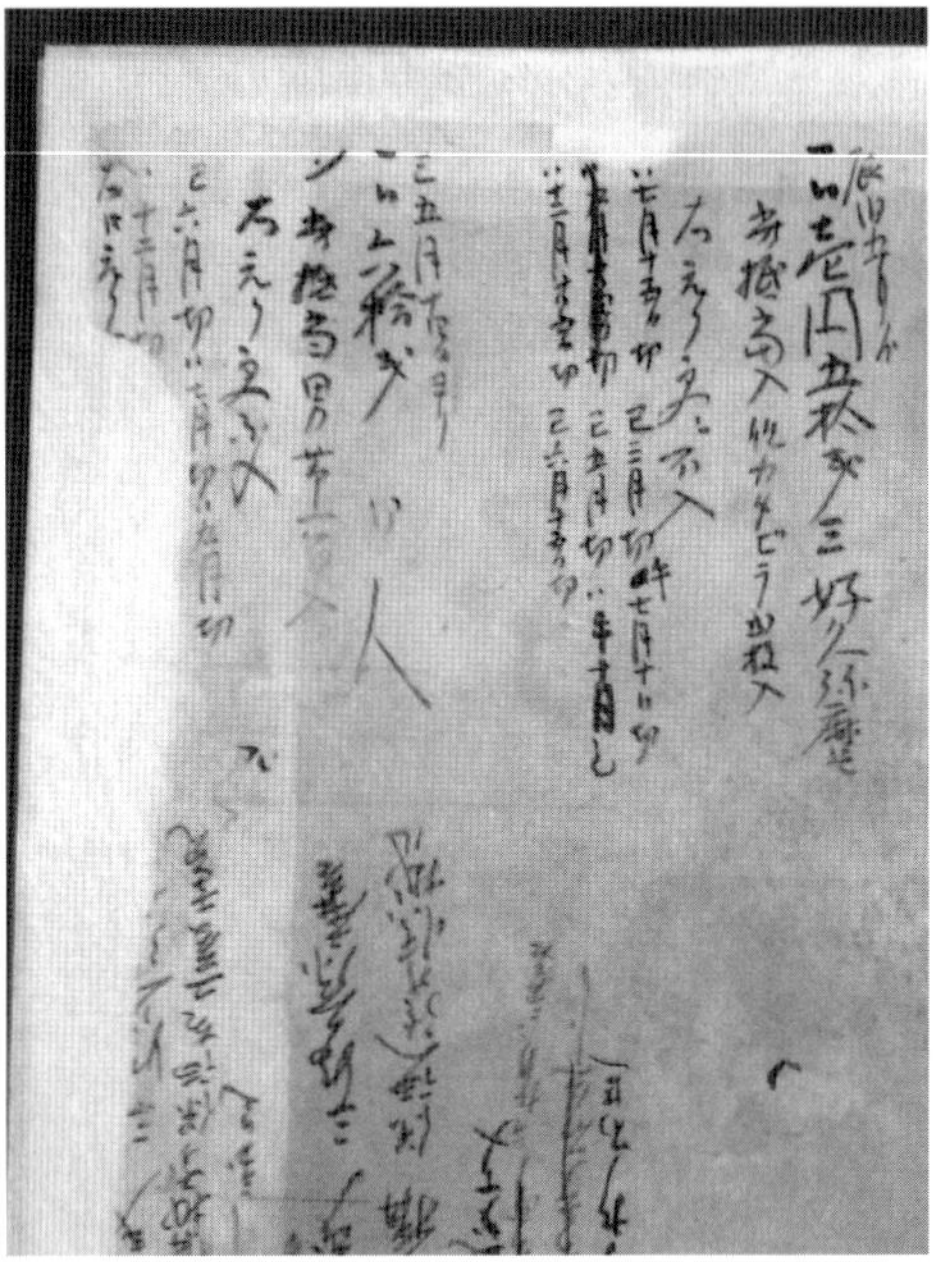
求菩提山に残された借用書（福岡県求菩提資料館）

蚕を始める者、コウモリ傘の張り替えや売薬を生業とする者、会社勤めに転じる者、「駆蟲丸」や「神仙奇応円」など特許申請をして独自の売薬を始める者など、さまざまだった。下山する山伏たちは、鍋や釜や鑿《のみ》といった家財道具を一銭二銭で売り払って出て行ったという。

最後の座主は豊後立石の城主の九男で、文久元（一八六一）年に養子として入山した延寿王院俊政だ。座主になったのは俊政がまだ二十歳のときで、妻と二人の幼い娘がいた。三好久弥磨と改め神官になったものの、激動の時代を生きる才覚もなく、売り食いでしのぐほかはなかった。

「二円だけぜひぜひお願い申し上げます」と書いた手紙や、カタビラ二枚を抵当に一円五十銭、太刀一腰で一円九十銭、浅黄嶋着物一枚で米四升などの借用書のほか、座主の妻の「米、求方むつかしく」と書いた手紙もあり、その窮状は読むに切ないものがある。裕福な岩屋坊に借金をした借用書なども残されている。いよいよ困窮し、宝物まで売ったという哀しい末路だった。明治三十三年に亡くなったが、墓地には卒塔婆のままで、墓は建立されていない。

山の戸数は、明治十五年には五十六戸、大正十五（一九二五）年には十一戸、昭和三十五（一九六〇）年には三戸、平成十三（二〇〇一）年には最後の一軒が下山し、五〇〇坊を誇った求菩提山から坊が消えてしまった。

### ▼いまものこる山伏の記憶

大正末期まで正月に麓で見られたという山伏の「水かぶりの行」がある。法螺を吹き、「オットドッコイ、

昭和37−８年ごろの坊家の様子（写真提供＝重松敏美氏）

不動明王」と大声で叫びながら、家々を廻ってくる。麓の人たちは手桶やたらいに水を入れ、門口に置いている。山伏はその手桶を両手で高くもちあげて、激しく頭上で回し水をかぶるのだ。

一年で最も寒い正月にまともに水をかぶっていたら、いくら鍛えた身体とはいえ、たまったものではない。山伏も要領を心得ていたようで、「手を大きく回すんで、水が飛び散って、山伏にはあんまりかかっておらん。周りの人にかかっとったよ。調子がよかったもんなァ」と、地元の人は思い出を話す。

お清めがすんで、麓の人が法螺貝のなかに米やお金を入れてやると、山伏はそれを袋に移していたという。手桶を左手前に回すときは「オットドッコイ、金剛界」、右手前に回すときは「オットドッコイ、胎蔵界」と叫び、「我は不動の化身なり！」と水をかぶっていたというが、覚えている人も少なくなってしまった。

▼よみがえる修験道

近年、四国巡礼が大人気で、札所では連日大型バスがたくさんの参拝客を送り込む。四国だけではない。

各地の八十八カ所や観音めぐり、十三仏めぐりなども盛んになっている。さらに熊野三山、吉野・大峰、高野山が世界遺産になり、霊山・修験道が見直されているのだ。いまごろになって役行者が表舞台に登場するなど、本人が一番驚いていることだろう。

求菩提山でも大正から昭和の初めにかけて、上八丁口の登り道に十三仏や八十八カ所の石仏が置かれ、霊場めぐり信仰が流行したという。日本が戦争とファシズムの道を歩きはじめ、二・二六事件が勃発する暗い世相を反映した庶民の祈りではないかと思うが、現代にも共通しないだろうか。

これまで私たちの「文化」とは、人間が自然に対して手を加え、また克服しようとして形成されてきた。しかし、科学万能神話がほころび始めてきたころから、「文化」と「自然」が反義語ではいけないと気づき、私たちの文化のありようを捉え直そうとしている。

戦争はくり返され、科学を武器に破壊をつづける人間のおごりに気づいた人たちが、あるがままの自然と共存する謙虚な生き方を求め始めたのだ。いま私たちは往古の人々の素朴でたくましい生き方を学び、人間が本来持っている精神力や肉体の不思議な力を見直し、回復に努めようとしている。

また、一木一草に仏が宿るという教えや、神木としてみだりに伐採してはならないこと、また霊山（修験の山）は畏れ多く、一般民衆も荒らすことがなかったことなど、修験者が山番の役目となって、原生林が守られてきたことに気づかされる。薬草の知識や自然との共存の方法も伝えられてきたのだ。

「破壊から共存へ」。地球環境を考えて行かなければならないという地球未来への危機感こそが、修験道への関心となって現れているのではないだろうか。明治新政府の政策で駆逐された修験道だが、単なる遺蹟扱いではなく、「原始信仰」とは何か、「自然崇拝」とは何かを問いかけることによって、現代に甦ってくれることを念じるばかりだ。

## おわりに

山伏に惹かれて六年、山から山へその姿を追いかけて歩きました。見えそうで見えない私の恋しい人。触れそうで触れられないもどかしさから、ここまで深追いしてしまいました。いま探し歩いたままを書き終り、振り返って見ると、私は「日本人の神仏習合の原始の心」を探していたと気づいたのです。そして、そのことを教えようと手招きしていたのが山伏さんだったのです。その深い心も知らず、ただ男らしさに目が眩んで、追いかけていたのでした。

豊前に惚れ、求菩提山に惹かれた私に、たくさんの方々のご協力をいただき導かれてきました。言いかえるとその人たちが、私の山伏さんではなかったのかと思うのです。深く深く感謝申し上げます。

修験道の手ほどきをしてくださった求菩提資料館初代館長の重松敏美先生、先生の『豊州求菩提山文化攷』がなければ、この本は書けなかったでしょう。細々《こまごま》とした質問に根気よく応じてくださった資料館の恒遠俊輔館長と、協力を惜しまず援けていただいた林川英昭氏、ガイドの平木栄氏、山に同行し励ましてくださった水落龍勝氏、そして、嘯吹八幡宮、正覚寺、宝寿寺、南龍院の皆さま、築城町誌編纂室の米田鐵也氏、挾間の楠本和子氏。また出版にあたってご協力いただいた県会議員の後藤元秀氏、豊前特産品研究会の向野秀定氏、道の駅おこしかけの白石道雄氏、そのほかお話を伺いましたたくさんの方々に、心よりお礼を申し上げます。

最後に出版をこころよくお引き受けくださいました海鳥社の西俊明社長・担当の柏村美央氏に、大変ご苦労をおかけいたしましたこと、お詫びとお礼を申し上げます。

この本をお読みいただいた方々が修験道に興味を持ち、豊前へそして求菩提へ足を運んでくださいますことを、切に願って筆を置きます。

平成十八年七月

桟　比呂子

## 参考文献

重松敏美編著『豐刕求菩提山脩驗文化攷』豊前市教育委員会、一九六九年（※本文中はすべて『豊州求菩提山修験文化攷』とした）
重松敏美著『山伏まんだら　求菩提山修験遺跡にみる』日本放送出版協会、一九八六年
『柳田国男全集』第五巻、筑摩書房、一九七七年
『折口信夫全集』第三巻、中公文庫、一九七五年
鈴木壮六編『天狗の末裔たち　秘境・求菩提を探る』毎日新聞社、一九六九年
大林太郎編『日本の古代10　山人の生業』中央公論社、一九八七年
築城町史跡調査委員会編『築城町の史蹟と伝説』（第一・二集）築城町教育委員会、一九七二―七六年
小川武志『豊前宇都宮興亡史』海鳥社、一九八八年
廣崎篤夫『福岡県の城』海鳥社、一九九五年
則松弘明『鎮西宇都宮氏の歴史』
桐畑隆行『新豊前風土記』文理閣、一九七七年
谷信一・野間清六編『日本美術辞典』東京堂出版、一九九〇年
豊前市史編纂委員会編『豊前市史』（上・下）豊前市、一九九一―九三年
阿部正路監修『日本の神様を知る事典　日本の代表神70柱の出自と御利益』日本文芸社、一九八六年
五来重『山の宗教　修験道講義』角川選書、一九九一年
『日本「霊地・巡礼」総覧』（別冊歴史読本事典シリーズ）新人物往来社、一九九六年
『修験道の本』（Books Esoterica 8）学習研究社、一九九三年
『密教の本』（Books Esoterica 1）学習研究社、一九九二年
中村元著『広説佛教語大辞典』東京書籍、二〇〇一年
有賀要延編著『平成新編　仏教法具図鑑』国書刊行会、一九九三年
宮家準著『修験道辞典』東京堂出版、一九八六年
「山岳修験」二七号（重松敏美「『採・柴』燈護摩と、その『煙』についての一考察」）日本山岳修験学会、二〇〇一年
「求菩提山修験道遺跡」福岡県文化財調査報告集第八四集、豊前市教育委員会、一九八九年
「求菩提山修験道遺跡群」豊前市教育委員会、一九九七年
「求菩提　文化財調査報告書」第八集、豊前市教育委員会、一九九二年
「豊前市の岩戸神楽　豊前神楽入門」豊前市教育委員会、二〇〇〇年
「豊前市の文化財　歴史と浪漫の散歩道」豊前市教育委員会、

二〇〇二年
「求菩提―祷行坊」（図録）求菩提資料館、一九八九年
「修験の秘法　求菩提」（図録）求菩提資料館、一九八四年
「求菩提資料館　常設展示図録」求菩提資料館、二〇〇二年
「求菩提資料館ジャーナル」求菩提資料館
「耶馬渓の歴史と文化」耶馬渓町高年大学郷土史クラブ、二〇〇一年
恒遠俊輔「豊前薬師寺村恒遠塾」蔵春園保存会、一九八四年
友石孝之「豊前地方の民間信仰」『合本・美夜古文化』第一巻、美夜古文化懇話会、一九七一年
「週刊朝日百科　仏教を歩く」（全三〇冊）朝日新聞社
「歴史研究」五〇八号（中野喜代「『小次郎』考――新史料をもとに」）歴研、二〇〇三年
「柴燈護摩供手鏡」求菩提山南龍院
「嘯吹八幡神社由来」嘯吹八幡神社
「千手観音案内」千手観音堂
国玉神社所蔵文献
『求菩提山縁起』
「求菩提山雑記」
「求菩提山宗門帳」
「上毛郡覚帳」

■観光お問い合わせ先■

□豊前市商工観光課観光係　tel（0979）82－1111

□福岡県求菩提資料館　豊前市大字鳥井畑247
tel & fax0979－88－3203

□道の駅豊前おこしかけ　豊前市大字四郎丸1041－1
tel（0979）84－0544／fax（0979）84－0545

□求菩提温泉卜仙の郷　豊前市大字篠瀬57－2
tel（0979）84－5000／fax（0979）84－5010

□如法禅寺　豊前市大字山内991　tel（0979）88－2226

□蔵春園　豊前市大字薬師寺570　tel（0979）82－0639

□千手観音堂　（豊前市社会教育課へ　tel 0979－82－1111）

□築上町役場築城支所産業課商工観光係　tel（0930）52－0001

## 索引 （主な寺社・史跡・人名・求菩提文書など）

**桟　比呂子**（かけはし・ひろこ）
北九州市生まれ。八幡製鉄所を経て，カネミ油症事件をきっかけにノンフィクションを書きはじめる。劇作家。本名佐々木博子。主な著書に『化石の街（カネミ油症事件）』，『男たちの遺書（山野炭鉱ガス爆発事件）』，『沈黙の鉄路（ローカル線を行くⅠ）』，『枕木の詩（国鉄ローカル線を行くⅡ）』（全て労働経済社），『終着駅のないレール（廃止ローカル線はいま）』（創隆社），『メダリスト（水の女王田中聰子の半生）』（毎日新聞社），『うしろ姿のしぐれてゆくか（山頭火と近木圭之介）』（海鳥社）など。

求菩提山《くぼてさん》　私《わたし》の修験《しゅげん》ロード

■

2006年8月4日発行

■

著　者　桟　比呂子

発行者　西　俊明

発行所　有限会社海鳥社

〒810-0074　福岡市中央区大手門3丁目6番13号

電話092(771)0132　FAX092(771)2546

http://www.kaichosha-f.co..jp

印刷・製本　九州コンピュータ印刷

[定価は表紙カバーに表示]

ISBN4-87415-554-5